道路艰难才有趣

诺贝尔奖得主大村智自传

［日］大村智（Omura Satoshi）/ 著
孙文墅 穆秀华 / 译　王宁元 / 审译

图书在版编目（CIP）数据

道路艰难才有趣：诺贝尔奖得主大村智自传 /（日）大村智著；孙文墅，穆秀华译．-- 北京：华夏出版社有限公司，2023.3

ISBN 978-7-5222-0472-7

Ⅰ．①道… Ⅱ．①大…②孙…③穆… Ⅲ．①大村智一自传 Ⅳ．①K833.136.13

中国国家版本馆 CIP 数据核字（2023）第 019504 号

道路艰难才有趣：诺贝尔奖得主大村智自传

作　　者 [日] 大村智
译　　者 孙文墅 穆秀华
责任编辑 张　平 曾　华

出版发行 华夏出版社有限公司
经　　销 新华书店
印　　刷 三河市少明印务有限公司
装　　订 三河市少明印务有限公司
版　　次 2023 年 3 月北京第 1 版
2023 年 3 月北京第 1 次印刷
开　　本 880mm × 1230mm　1/32
印　　张 6.5
字　　数 132 千字
定　　价 58.00 元

华夏出版社有限公司　地址：北京市东直门外香河园北里 4 号　邮编：100028
网址：www.hxph.com.cn　电话：（010）64618981
若发现本版图书有印装质量问题，请与我社营销中心联系调换。

作者在斯德哥尔摩音乐厅举行的诺贝尔奖授奖仪式上从古斯塔夫国王手中接过奖章和证书（2015 年 12 月 10 日）

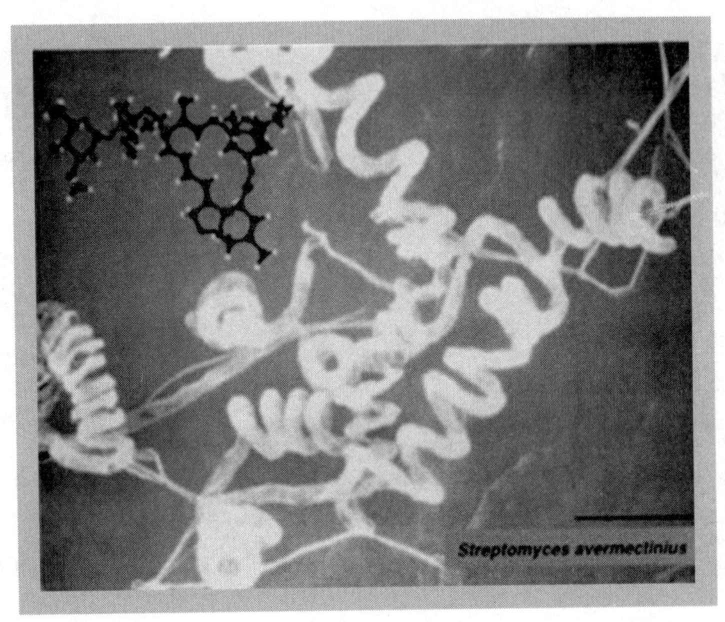

抗寄生虫药物阿维菌素的生产菌孢子丝的电子显微镜图片和阿维菌素分子模型（左上）

"Splendid Gifts from Microorganisms"

—The Achievements of Satoshi Ōmura and Collaborators—

Fifth edition

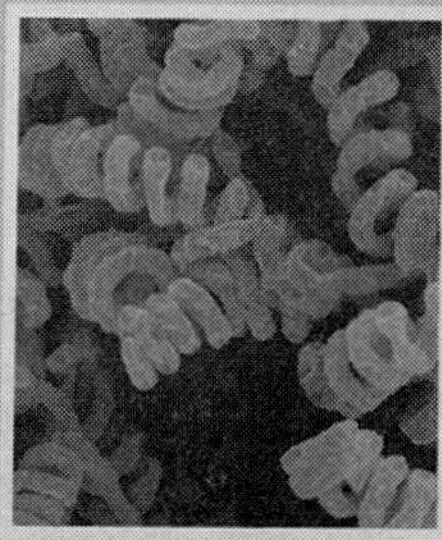

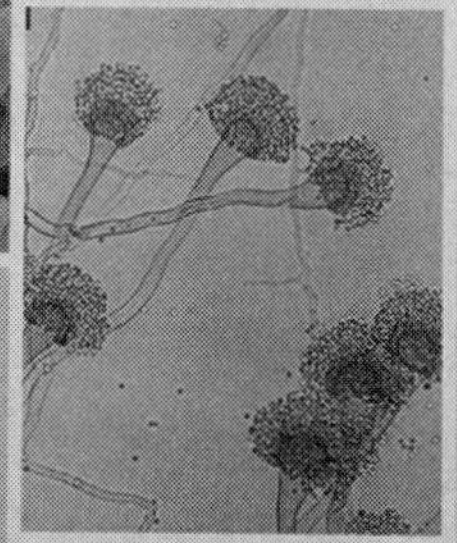

Editor

Satoshi Ōmura

Kitasato Institute for Life Sciences, Kitasato University

2015

作者编写的微生物及其生产化合物总览（通称 yellow book）《来自微生物无与伦比的礼物》

经过艰难交涉建成的位于埼玉县北本市的北里大学医学中心（建院当初称为“北里研究所医学中心医院”）

目录

第六章　研究经营

第七章　与艺术结缘

第八章　同仁们

第一章

一期一会

诺贝尔奖揭晓日

“来了，来了，来了！”突然，一起工作了40多年的秘书飞奔到我的办公室，这是2015年10月5日下午五点半过后的事情。

我不由得问了一句：“谁来了？”回答说：“斯德哥尔摩的电话来了。”一接过电话，诺贝尔财团的理事传达道：“现在，委员会决定授予你诺贝尔奖，你同意吗？”我听到后非常吃惊。

此前也听媒体人说过，我“成为诺贝尔奖候选人”等，但并无真实感。因夏天得的感冒一直没有痊愈，那天我想早点儿回家，但秘书怎么也不让走。

突然接到斯德哥尔摩打来的电话，诺贝尔财团的理事在电话中说明，我是和美国默克集团的研究者威廉·坎贝尔博士共同获奖的，啊，那时才确信是真的。

放下电话的那一刻，首先想到了2000年9月1日去世的妻子文子。如果她健在的话，该多高兴啊！从年轻的时候起，妻子就说："你是个将来能获得诺贝尔奖的人。"她以此鼓励我，给我工作的动力。

正因为妻子说过"想和研究者在一起"，所以结婚后即使在贫困时期，她也从无一句怨言。从打工补贴家用，到和亲戚、研究人员相处，再到教育女儿，方方面面，她都做得很好。有时我在研究室工作到很晚，她还来送夜宵，甚至顺便帮我整理、计算实验数据。

文子持有算盘一级证书，计算速度惊人……回忆着这些事情，想着要赶快在供奉妻子的佛龛前告知获奖一事，我马上给家里打了电话，委托女儿："向妈妈报告一下啊！"

很快，诺贝尔财团正式公布了名单。从那一瞬间开始，我的手机来电不断。办公室里挤满了研究者和大学相关人员，乱哄哄的。用电话已经无法自如应对，无论如何都需要召开记者发布会了。

我在没有做任何准备的情况下，被领到了记者发布会现场。有人问："接到获奖通知后，你的第一反应是什么？"我回答道："在心中告知了妻子。"说出了我的第一反应。直到第二天看到新闻报道，才真正感受到，我的言论受到了人们的关注。

公布获得诺贝尔奖之后，我的生活一下子全变了。一年中包括小型演讲在内，一共演讲了 50 次。

我经历了众多媒体报道的洗礼。照片和报道像洪水泛滥一样，自己的一切全都暴露在光天化日之下。但是只要我觉得自己的研究生活、处世经历、信念等能够发挥某些作用，就尽可能地接受并配合采访。

经常被问到的是我喜欢戴“利休帽”的问题。因为我戴的帽子和茶道千利休戴的帽子相似，所以我就把它称作“利休帽”。我觉得它是属于我的独特的帽子。

某天在家时，一吹空调我就感到头部发冷，还嗓子疼。虽说头部发冷和头发稀疏有关，但不管怎样，总得先想个挡风的办法。

于是我就把在冲绳买的女式帽子用剪刀剪掉帽檐，试着戴上了。因为是室内戴的帽子，所以我觉得样式无所谓，结果它却成了出乎我意料的、令我非常满意的“自制”帽子。为了外出时也能戴，我准备了好几顶利休帽。它们有的是朋友手工制成当作礼物送我的，也有的是我到帽子专卖店定制的。

还有，后藤斋知事在我被授予山梨县名誉县民的典礼上，作为纪念品，送了我一顶真丝利休帽。我现在有 10 顶各种颜色的利休帽，很享受地替换着戴。

其实在公布诺贝尔奖获得者的 5 天前，我在日常的散步途中踏空石头台阶，摔倒受伤了。几天前开始的感冒也未愈，仍在不停地咳嗽。当时磕到头部了，正因为戴着利休帽，头部得到了保护，所以才没有酿成大祸。万幸的是，只有右手腕骨裂，下巴右侧和两下肢软组织挫伤。我在看得见伤口处贴上了皮肤色的创可贴。在公布获奖后的记者招待会上，好像有人注意到了创可贴，但我没机会谈利休帽的好处。

电视、报纸等出现了我的照片，不仅有人注意到了利休帽，还有人看到了我西装左领上佩戴的徽章。我经常佩戴的是绿色“青蛙尼拉”徽章，青蛙尼拉是我的故乡山梨县韮崎市的吉祥物。据说青蛙尼拉“是神的侍从，它通过魔力帮我们实现梦想，是神奇的青蛙”。

佩戴“青蛙尼拉”徽章是我对自己故乡热爱之情的自然流露，也许人们会笑我像个小孩子，但我一直佩戴着这个徽章。

前往斯德哥尔摩

每年的诺贝尔奖颁奖仪式都在创立这个奖项的发明家阿尔弗雷德·贝恩哈德·诺贝尔逝世的纪念日 12 月 10 日举行。

从诺贝尔财团听说，颁奖仪式前后一周称作“诺贝尔周”。财团针对各种相关活动、手续等，事无巨细都做了安排。

我前往斯德哥尔摩的时间是 12 月 5 日午夜零时。我在胸前口袋里放了文子的照片及曾参与此次获奖项目研究但英年早逝的大岩留意子君的照片，以怀念她们。

经过近 12 小时的飞行后，飞机在阿尔兰达机场跑道上着陆滑行。那一瞬间，没有任何征兆，突然从胸中涌出药学家野口照久先生曾经向我说过的“把斯德哥尔摩作为目标”这句话。野口先生是药学领域至今仍经常使用的“创药”这个词的发明者。

野口先生曾经是帝人、三得利、山之内制药（现安斯泰来制药）等公司的董事，晚年利用遗传信息基因组研发新药，是基因组创药的先驱。他既是科学家，也是管理者，培养了许多人才。

1973 年，野口先生担任帝人公司董事长与生物医学研究所所长时，曾邀请我道："来这里一起工作怎么样？"确实是很难得的邀请，但当时我在北里研究所已有自己的研究室，还有几名助手，便诚恳地谢绝了。

随后我们一直有交往。有时在学会上听完我的发言后，野口先生会马上凑过来评论我研究的内容，然后说道："大村，从今以后把斯德哥尔摩作为目标。"每次见面他都会对我说这句话。他关注我研究的内容，激励我"要做可以获得诺贝尔奖的工作"。每次他这么说，我都特别高兴。

啊，我终于来到了斯德哥尔摩！一边这么想着，一边由衷感谢野口先生，数秒间，我沉浸在感慨之中。

在斯德哥尔摩的最后一天，某报社记者问："如果用一个词表达现在的心境，那是什么？"我脱口说出了"至"字，并受邀在彩纸上写下了这个字。在我思念野口先生、离开此地之际，这个"至"字，让我再次想起抵达斯德哥尔摩那一瞬间的心境。

在诺贝尔周的各种活动中，让我苦恼的是准备"诺贝尔奖演讲"环节的获奖者演讲的内容。诺贝尔财团说，演讲的内容也可以与获奖工作的内容无关。尽管这样，我还是想就盘尾丝虫病（河盲症）特效药伊维菌素（Ivermectin）的发现及自身的研究哲学发表演讲，于是开始做准备。

我有个习惯，就是全力以赴做一件重要事情前，会考虑哪些环节是最重要的。我看了诺贝尔周的行程表，认为"诺贝尔奖演讲”环节是最重要的。

或许有人认为授奖仪式最重要，但我觉得在授奖仪式上获得荣誉即可，与之相比，“诺贝尔奖演讲”的内容会被载入史册。在限定的 30 分钟内能够以何种程度用英语表达自己的想法呢？可以说，这才是成败的关键。

一说起迄今我的研究经历和内容，时间很快就用完了。我事先准备好了幻灯片，但在重新修改时，却发现这里那里有许多需要在意的内容。

最后我想讲研究哲学的话题，加入了茶道“一期一会”这句话，想表达的是我平时常说的“珍视与人的相遇”的座右铭所蕴含的意思。我到国外演讲，肯定都会加入日本文化相关的内容，并没有因为这次是“诺贝尔奖演讲”而有所不同。

我之所以能够获得诺贝尔奖，也是因为珍视与人的相遇。“一期一会”这句话能引发一种特别浓重的思绪。有的人相遇而无感，有的人有感但不能活化其生命力，如果连互相挥挥手的缘分都能活用，那就是成功之本。

不论是与微生物相遇，还是与研究者、同事相遇，我都用“一期一会”的心情待人接物并相处下去。为了向外国人传递并使其能够理解这样的信念，让所有人都能听懂我研究的内容，我反复斟酌幻灯片的设计和词语的使用，前后修改了 19 次。

迄今为止，我演讲了很多次，但没有一次内容完全相同。我每次都会考虑到场听众的需求，尽可能根据需求准备幻灯片，内容会有所变化。

想到“诺贝尔奖演讲”会被载入史册，我很谨慎地制作了幻灯片。

幸运的是，演讲进行得很顺利，得到了听众热烈的掌声。我演讲结束回到自己座位上，有亲戚告诉我，所用时间正好30分钟。

我的原则是要严格遵守规定的时间。我还有一种“特技”，就是没有钟表，凭直觉也能知道时间。在“诺贝尔周”这个盛大的舞台上，按照预定的时间完成了演讲，这比任何事都让我感到满足。

12月10日颁奖仪式的当天上午，我因仪式的彩排来到音乐大厅会场。工作人员用通俗易懂的英语标明顺序，进行与正式仪式相同的彩排。

这样，我的紧张感就完全消失了，当正式走向舞台时，也是平常心态。宣布颁奖理由，被叫到名字后，我走到舞台中央写有“N”的圆圈处，接受由卡尔十六世·古斯塔夫国王亲手颁授的奖章和证书。

听说在那一瞬间响起了雄壮的钢管乐演奏曲，但我没有印象。清晰留在我记忆里的只有国王面带微笑地看着我，用力地和我握手。只在那个瞬间，凝结了颁奖仪式的感动。

颁奖仪式结束后，瑞典王室和诺贝尔财团的成员依次离开舞台。舞台上只留下获奖者，相关人员开始走上台来拍照。

女儿育代用手分开人群快步走到我身边。当她说“父亲，恭喜恭喜！”时，我无比喜悦。女儿平素谨静，话不太多。此时我由衷地感到“还是父女啊！”。

与微生物们一起领奖

随后，会场改换至市政厅，晚宴开始。虽然事先已听说出席者会多达 1300 人，但一进入会场，看到其壮观的场面，我还是吃了一惊。

我就座的中央位置一带，即所谓的 VIP 席位，与获奖者坐在一起的，还有王室成员、既往诺贝尔奖获得者以及瑞典国内和外国嘉宾等。入座时，我略有些紧张。但是晚宴开始后，在和两侧的王室成员、政府要人说话的过程中，我便完全放松下来了。

值得一看的，是给 1300 名出席者一起上菜的众多服务人员的举动。指挥者模样的人站在稍高的地方，一发出信号，饭菜就一下子都端上来了。

晚宴结束后，在二楼举行舞会。我打算返回宾馆，告辞并向出口方向走去。作为向导并始终照顾我的瑞典驻日大使馆原官员勒尼乌斯说："正好国王在那边，过去问候一下如何？"

我刚一走近，国王就迎了过来，真诚坦率地说，斯德哥尔摩为了完好地保存古建筑物，非常重视景观，不建高楼。

我和西尔维娅王后进行了愉快的交谈。王后回忆起访问日本时的情景。她非常喜欢京都，说京都的寿司和天妇罗都很好吃，樱花也很漂亮。当时正好共同获奖的威廉·坎贝尔博士夫妇也在场，我们便一起和国王夫妇合影留念。我觉得这样友好、自然地拍照合影，是最好的纪念。

每晚都设有宴会，其中颁奖仪式的第二天即 11 日晚上在王宫由王室主办的宴会，我印象最深刻。旁边座位上的王后说：“我的母亲是巴西人，父亲是德国人。”知道欧洲皇族和世界如此广泛的血缘关系，我着实吃了一惊。

“在巴西，日本人非常成功。日本人很勤奋，务农也很动脑子。”王后两手一边打着手势，一边说，“把这么小的桃子，培育成这么大，卖出去很赚钱。”说的时候，她高兴得笑了起来。

王后真挚、亲切而幽默，我和她就日本移民在巴西获得成功的话题进行了愉快的交谈，留下了美好的回忆。

在结束所有日程回国之前，我带着准备的花束，到阿尔弗雷德·贝恩哈德·诺贝尔先生的墓地进行了祭拜。出席颁奖仪式之前，从研究诺贝尔奖的人那里听说墓地一事，我顿时产生了祭拜的想法。

我委托瑞典驻日大使馆原官员勒尼乌斯做向导。墓地位于斯德哥尔摩市中心去往国际机场的途中。正如想象的那样，墓地很有气势，我一时被庄严的墓碑所震撼。

据说诺贝尔财团的理事长等成员们会于颁奖仪式后立刻来到墓碑前，报告典礼顺利结束。墓碑前安放的新花束应该是诺贝尔财团供奉的。

我也把准备的花束敬献到墓碑前，按照日式礼节，双手合十低头致礼，向创立诺贝尔奖的伟人表达敬意，对有幸加入诺贝尔奖获得者队伍表示感谢。

我把自己的科研人生全部奉献给了微生物产生的天然有机化合物的研究。我的研究若没有微生物则一事无成。记者在招待会上问我感想时，我回答道："和微生物们一起获得了诺贝尔奖。"这是我的肺腑之言。

都是微生物的功劳，并不是我解决了多么难的问题。我们只是让微生物发挥了它的作用而已。

人类只不过从数十万年前开始进化，而微生物约从 35 亿年前就开始在地球上繁衍生息。可以说，微生物是延续物种的"地球上生物的起源"。

但到目前为止，我们所知的微生物不到其全部的 5%，在剩余的 95% 中，毫无疑问，存在着具有非凡能力、可以产生了不起物质的微生物。如果这次获奖能够对该研究领域起到一定推动作用的话，作为一名研究者，我不胜喜悦。

第二章

在大自然中生长

农家的长子

1935 年 7 月 12 日，我出生于美丽景色连绵的山梨县北巨摩郡神山村（现韮崎市神山街）的锅山，是父亲大村惠男、母亲大村文子的长子。我出生时的老宅依然在，从 JR 韮崎车站开车 10 分钟左右即可到达。当时的锅山是个不满百户的山村。大村家既不是拥有土地的地主，也不是佃农，而是自耕自种的农民家庭，生活还较为富足。

我有一位长我一岁的姐姐淳子，其后大弟朔平、二弟泰三、妹妹真智子分别于 1939 年、1940 年、1942 年相继出生。

据熟悉历史的前辈讲，在几百年前，当地神社的名簿里曾经记载过“大村”姓氏，虽然详情已无法得知，但推想大村氏可能担任过神社主祭之职。由祖先的墓上可以读取出 1700 年代的数字推测，大村家族从江户时代起就居住于此地。

母亲是山梨县中巨摩郡田之冈村（现南阿尔卑斯市）人，原姓山本，与父亲是相亲结婚的。父母的姻缘得益于当时甲州财阀成员若尾家族的介绍。

我出生时的老宅是一座木造的二层小楼，直到 1957 年，我都居住在那里。现在，它成了我存放书籍和杂物的地方，书架上摆放着从化学到经营方面的大量书籍。正门入口处挂有“萤雪寮”字样的门牌。大客厅里至今还存留着当年北里大学学生及研究者们进行学术研讨会、住宿等时的余韵。

以前访问山口县萩市的松下村塾，和学生们一起起居，互相交流，感到那种方式能够产生真正的教育，于是，我便考虑将自己家乡的房屋用于学生们的研修交流。在我们举行第一次研讨会的那天傍晚，与学生们一起在附近散步，看到飞舞的萤火虫，于是我便将研修交流的房屋命名为“萤雪寮”。在 2016 年重新修缮之后，“萤雪寮”改名为“共享萤雪寮”。利用该处进行研修的人，既可以体验田园生活，又可以同本地人交流。

1989 年，我在距老宅一步之遥的略下坡处，建造了一座新房屋，我的父母上岁数后移居至新房屋。如果天气好的话，从我一楼的书斋，可以看到富士山和八岳山。

我以前几乎每周都回老家，自己修剪日式庭院的花木，有时也举行一些烧烤聚会等。但自从获得诺贝尔奖之后，由于过于繁忙，我就很难再做那样的事情了。

从我的家稍微往山里走一段路，有一个武田八幡宫。其本殿建于 1541 年，1929 年被认定为国家重要文化遗产。我就读的神山小学就位于上坡处竖立着的两个牌坊附近。

在这所小学的旧址立有向井房惠作词的校歌石碑。校歌的第三段写道：

济济学堂，

生生气息，

追求新知，

探究科技，

文化树国，

成立业绩。

看到这段歌词，我沉浸在感慨之中——当年的老师们就是以此祝愿送我们毕业的。

在此且回到武田八幡宫的话题。

武田八幡宫的一部分位于现 12 号县道（地方主要道路）韮崎南阿尔卑斯中央线的边沿上，这条路能直接通到建于平安时代末期的武田广神社。最近武田广神社翻修了。

我受家乡人的委托，书写了一个挂在参拜大殿入口的竖长 64 厘米、横宽 43 厘米的“武田广神社”牌匾。为了完成这个重托，我用了整整半天的时间。写好后让身为书法家的妹妹看，她称赞我写得很不错。

我曾就读的韮崎初中位于山坡的反方向下坡的位置，在韮崎市政府附近，沿着甘利泽河步行 1.8 公里左右可以到达。为纪念我获得诺贝尔奖，我上学时通过的那条沿河道路被重新修建，并命名为“幸福的小路”。

2016 年 12 月 17 日，在“幸福的小路”边建造了我的铜像。那座铜像承蒙我曾担任过 14 年理事长的女子美术大学的津田裕子名誉教授创作。据说，那条路边以后还将为年轻艺术家们设置雕刻作品区。

那一带冬天常刮寒冷的山风，夏天又形成盆地特有的闷热。尽管如此，一接触到故乡的大自然，我就觉得安稳、踏实，深深地感到“自己生长于大自然之中”，正如诗人大冈信先生所说，“景致育人”。

为家乡尽职守的父亲

父亲透过大大的放大镜看书的姿态，是他晚年最后留在我心里最深刻的记忆。父亲在 90 岁后直到 96 岁辞世的数年里，常年习惯戴的用于读书的眼镜也不起作用了。那几年，父亲将我读过的《文艺春秋》《致知》等各种杂志、历史书籍、小说，以及身边所有的读物，都读了个遍。

在我最遥远的记忆中就有父亲年轻时读书的样子。父亲卧室的枕头旁总是放着几册正在读或将要读的书。他上年纪以后，每天早早醒来就躺在床上阅读。对晚年的父亲来说，读书与其说是获取新知识，不如说已经成为他生活的一部分了。

在父亲 18 岁时，我的祖父去世了。当时，父亲有一个姐姐、三个弟弟、一个妹妹。作为家中的长子，他和祖母一起担起了家庭生活的重担。

我帮助父亲到田间做农活时，经常听他讲他在小学时伙伴们的故事。在多个年级混合的综合班里，有一位比父亲高一年级的功力金二郎先生（已故），是父亲值得骄傲的学友。功力金二郎先生后来成为大阪大学教授和日本学士院院士，是世界级数学大家，堪称故乡的骄傲。

父亲常常讲起他与功力先生在小学时代进行学习比赛的故事，话语中流露出对既往的怀念，也掺杂着没能升学深造的遗憾。

我们兄弟姊妹五人都读了大学。在当时，家庭教育能达到那种程度的并不常见。能够支撑父亲耐受长期劳苦以供子女读书的，应该是父亲年轻时未能升学而不得不自学的遗憾心情吧。

在出生的老宅前与家人合影（前列左者为笔者）

我上初中时，有一次为扩大自己的学习空间而打扫房间，发现了一个纸箱，里面塞满了书籍，大约有三四十册吧，是父亲当年接受函授教育而使用过的《高等讲义录》教材。我由此得知，父亲当年在旁观学习竞争伙伴升学深造之余，自己以小学高等科的水平，一边从事农业劳动，一边挤出时间学习。

正如常言所说，“少而学，则壮而有为”，这使我对自己的懈怠、贪玩感到羞愧。

父亲精通历史，对时事好像也有无尽的兴趣。我时常想起当年和父亲讨论社会形势时的情形，他虽然已年过90，但辩论起来仍不输正当年的我。

父亲年轻时读书并不止于单纯获得知识，还提升了他作为乡村领导的素质。尽管神山村是一个小村庄，但也特别重视教育，在与韮崎街进行街村合并之前，以父亲为首的有识之士便悉心筹备，统合成立了一个初级中学。我就毕业于那所“韮崎街等合立韮崎初级中学”。

在战后进行的农村土地制度改革、市街村合并等活动中，父亲为解决相关问题而四处奔走，除担任恩赐林组合与德岛堰组合的要职外，还担任了小学与初级中学的PTA（家长教师协会。——编者）会长、副会长等。在担任小学的PTA会长期间，父亲巡视学校时，如果发现学校告示板等处有错别字，就会毫不客气地提醒教员加以注意。对于年轻的教员来说，父亲是一个令人惧怕的存在。

这么能干的父亲也有失误的时候。在一次小学的开学典礼上，父亲酒醉状态上台致辞。后来才知道，父亲此前参加另外一个告别会，席间喝了酒。这成了我和比我高一年级的姐姐的难堪的记忆。

在山村，父亲与周边街村担任要职者交往，开展各种活动，也曾参加过两次村长竞选，但均遭失败。父亲还曾经做过原劳动大臣、国会议员铃木正文先生阵营的参谋，为其筹备选举事宜，但因违反选举法，两次被拘留。

父亲反思后认为，村长选举之所以失败，除资金不足外，还因反对出售愿成寺阿弥陀三尊像而得罪了村里的长老们。

父亲因违反选举法被拘留一个月，被释放时却发福长胖了，他说了句“拘留所的饭真好吃”以自讽避羞。

其后，父亲还担任过自民党县联合会总务。他说过，著名的金丸信先生竞选众议院议员时，多次到过我家里。一到选举期，父亲就会热血沸腾地投入工作。

愿成寺，据说创建于宝龟二年（771 年），是县内屈指可数的名刹。源平之战时，甲斐武田氏的祖辈武田信义公在富士川战役中建立了功勋，为源赖朝霸权的建立做出了巨大贡献，愿成寺即成为武田信义公的菩提寺。

在父亲的青年时代，由于受到明治时期废佛毁释运动的影响，以及未能得到住持的照顾，愿成寺基本荒废了。施主代表和村里的长老们为了筹集愿成寺的运营费用，想卖掉作为武田家历代牌位堂的本尊而安置在须弥檀的应该说是寺宝的阿弥陀三尊（阿弥陀如来及胁侍的观世音菩萨、大势至菩萨）像。

那些佛像都是平安时代末期的杰作，是采用内旋镗削技术并用丝柏木拼出的贵重雕刻品。听说要卖掉那些宝物，以父亲为首，村里的青年们联名写反对信，步行向县府、报社及以曹洞宗为主的寺院请愿。

在我读小学的时候，父亲曾一边让我看当时制作的签有名字的和纸联名册，一边给我讲那件事情。

由于反对卖宝活动奏效，佛像得以保留在愿成寺，并在 1939 年被指定为国宝（即后来的国家重要文化遗产）。那是父亲最引以为豪的事情。

在当时的山村，能够认识到那些佛像的尊贵与价值，应该算是一件令人惊奇的事情。我觉得那是父亲自学所得到的恩惠。在我成年之后，每当遇到各种喜庆之事时，我都说“这都是阿弥陀佛的保佑”。

笔者的父亲反对卖出的愿成寺阿弥陀三佛像

有时与父亲的交谈，从听他说愿成寺佛像的事情开始，然后经常能听到他讲我们神山村的历史：

“从武田信义公开始，第十六代是武田信玄。

“北宫地的武田八幡宫传说是武田信义公募缘来的，其本殿（现为国家重要文化遗产）是后来的信玄公进献的。

“被村里人称作‘城山’（白山城址遗迹，国家史迹遗址）的城址和烽火台台座等均为信义公以来的史迹。”

……

我喜欢上历史、能够感受到历史中的浪漫色彩，在很大程度上是受了父亲的影响。

父亲喜欢历史，也喜欢新鲜事物。村里人还都没有收音机、留声机等电器产品的时候，父亲就把街里电器店的试制品搬到家里用。

父亲还曾到街里冶金店定制我身边朋友所没有的木屐滑冰鞋（在木屐上安装滑冰刀），并作为礼物送给我。类似这样的事情经常发生，有些不可思议。父亲是怎么知道我所喜好的东西的呢？由此可知，父亲一直在关注着我。

在父亲的主导下，旧神山村的锅山地区率先引进了简易自来水管。这在当时，是县里数一数二的大事。那些自来水管至今仍在使用。我回家乡时总是准备上大容器，装满水带回东京的住所，很爱惜地使用。用那个水蒸的米饭非常好吃。

父亲去世后，遗物中有一个很大的旧点心盒，里面装满了剪报，都是关于我获奖等各种活动的新闻报道。

母亲、祖母和养蚕

母亲于1998年12月一个寒冷的日子里辞世，时年93岁。她从田之冈村嫁过来以后，在相邻的清哲村小学担任教师，一边教书，一边抚育我们兄弟姐妹成长。

前几日，我开车从清哲村小学旁边的道路经过时，看到学校旧址仅存一棵大樱花树，当年的校舍已经没有踪迹，只有一个类似集会场所的建筑物。在我小学三年级时，母亲调动到我就读的神山小学工作。战争结束后，她辞去了教师工作。

母亲出生于1906年（明治三十九年）10月2日"丙午"时。迷信传说，该年出生的女性脾气暴烈，是克夫命。经常听母亲说，那年出生的好多女性因无法出嫁而自杀。她有几个朋友受迷信传说所累，一生都很悲惨。

我的外祖父山本顺三郎是神主，喜欢读书，据说担任过多处官选村长、郡长。外祖父在我母亲小的时候就为她的将来做准备，让她徒步到离家6公里的甲府女子高中、专科学校（补习班）等去上学，并让她考取了教师资格。

我上小学之后，经常到外祖父家，给他看我学校联络簿上的成绩单。不论成绩好坏，外祖父总是说"学习很好啊"，并给我一些零用钱。虽然我以一个孩童的步伐走10公里到外祖父家是一件很辛苦的事情，但因能得到零用钱而特别高兴，这件事我一直坚持到上初中为止。

祖母很坚强，与当年我18岁的父亲一起担起重担，凭双手抚育包括我父亲在内的6个孩子长大成人。我的母亲也很坚强，毫不退缩地坚持干农活，并且，母亲的采桑技术远远高于父亲等人。

当时，田之冈村养蚕的兴盛在全县是屈指可数的，母亲也帮着采桑等，所以对于与采桑相关的农活，母亲练就了不亚于祖母的高超技术。

1945年，战争结束，我已经10岁，对后面的事情记得很清楚。随着战后农业土地的解放，母亲辞去了教师职务，但没有只做家庭主妇，而是不得已地从事农业劳动。

从此，母亲用弹钢琴的纤细双手拿起了铁锹，以矮小的身体背起了大大的背篓，每天与父亲一起去旱田或水田干农活。不久，父亲担任了农地委员会及组合的要职，外出的时间增多了，母亲就和祖母一起担起了自家繁重的农业劳动。虽说担起来了，但我觉得这是母亲最初做梦都没想到的事情。

我成年之后，有了母亲让我看她的日记的机会。母亲从当教师时起就开始写日记，但给我看的只是她辞去教师工作干农活后的那一部分。在开始养蚕后的日记里，母亲认真而仔细地记录了蚕的生长过程。

蚕受气温、湿度等影响，会出现生长缓慢、突然不能活动、得软化病等现象。母亲的日记记录了如何预防这些现象及喂食桑叶的方法等。母亲不是千篇一律地记流水账，而是记录了养蚕相关的“研究成果”。

辞去教师工作后的几年里，母亲成了“养蚕专家”，附近的许多人都来向她咨询养蚕的各种问题，母亲都很有效地解决了他们的问题。过去大家称呼母亲为“老师”，但现在她不是原来的“学校的老师”，而是田间的“养蚕的老师”。

每天太阳升起之前，我们兄弟姐妹就会被这位“养蚕的老师”带到农田里，一直劳动到必须马上去上学为止。就这样，我们家育出的蚕茧很自豪地取得了被村里评定为一级、二级的好成绩，成了品质优良的产品。

母亲活跃的这段时期，正值战后日本养蚕业的兴盛时期。父母的辛勤劳动，使包括我在内的 5 个兄弟姐妹得以全部完成大学学业。

以人为镜

我家有一部分水稻田，母亲于辞去教师工作后才开始种田，不知不觉中，她也能毫不逊色地和村里人比肩劳动。她用那娇小的身躯和纤细的双手，在将近 40 岁的年龄才开始从事农业劳动，并且很快能够完全胜任，一直持续到 70 岁。

然而，自 70 岁之后，即使父亲去干农活，母亲也不再随同，而是专心在家里做些缝补工作及其他家务。在父母搬进我为他们建的新家时，母亲虽说有些耳背，但腰腿还很结实，走起路来比父亲还快。可是后来由于摔了一跤，大腿骨折，母亲的身体状况急剧下降。

母亲 90 岁以后过起了轮椅生活。父亲也处于同样状态。因我妻子文子也身体病弱，无法照料母亲，无奈之下，我们只好将母亲送进甲府养老院。父亲则在韮崎的家里由居家的保姆照看。

我们兄弟姐妹去养老院探望母亲，在回家之际，即使我们跟母亲说了“再见”，母亲也迟迟不回应。母亲好像要说：“你们再多待一会儿。”我每当回想到此事，心情就会不知不觉地沉重起来。

即使在养老院过着轮椅生活，母亲一说起年轻时在小学任教的事情，一说起养蚕的事情等，两眼中也会闪烁着光彩。

比如：

“女子学校时代，从田之冈到甲府上学非常辛苦。”

“肚子饿了经常吃龙王烧芋店的烤红薯，真的很好吃。”

“从前的人对丙午年女性的迷信说法太愚蠢了。”

“竹子被大雪压倒，堵住了道路，我边清理边开路，去清哲小学上课。”

“小智小的时候就是好动的孩子，让妈妈十分操心。”

“虽然说是养蚕，但不动脑筋琢磨也是不行的。”

……

最后，我们总是说些“我们会早日带妈妈回家”之类的话。

还有一件事，我一回想起来就觉得歉疚。刚升学上高中时，作为贺礼，母亲给我买了一支漂亮的蓝色钢笔，让我学习时使用。

不到一周的时间，因为与人发生争执，我插在兜里的钢笔不知不觉地丢失了。虽然我回去找了，但没有找到。这件事我一直瞒着母亲。可能直到最后，母亲都不知道这件事吧。

父母繁忙的时候，同住的祖母便照料我们这些孩子。祖母是邻村村长的女儿，不仅学习用功，记忆力也好。我仍记得我小学一二年级时，她给周围年轻人讲故事的情形。

祖母有时很幽默，高兴地给邻居阿姨们讲笑话，像说相声一样。

比如：

“有个笨拙的男人，教他赞美事情的方法。

“告诉他，对任何事情都不能过分赞美。比如赞美衣柜时，要说‘木材好，做工也精良啊’，可是转到衣柜后面看到一两个木材节孔时又要说‘有些可惜，有木材节孔呢’，要适度赞美。

“结果到了这个男人赞美马的段子。他赞美道‘真是好马，鬃毛排列得也好’，可是他转到马的尾部，却又说‘可惜的是后面有个眼’。”

……

大家哈哈大笑。

祖母精通草药，譬如她把黄连晒干，当我饮食过度、胃部不适时，就煎水让我喝。有时我擦伤了，她就给我涂鱼腥草叶子汁。

祖母 83 岁那年，在 12 月一个寒冷的日子里，她前半夜还在正常聊天，第二天早上身体已经凉了。当时，祖母已算长寿。在祖父去世后的 46 年间，她和她的长子即我的父亲二人共同守护着这个家，直至她去世。

我的思维方法和行动能力深受共同生活的祖母的影响。我一直记得祖母教我最重要的思维方法是“以人为镜，反躬自省”“与人方便，与己方便”等。

游玩于山野之间

农家起得早，天不亮就要起床，时间一到就要马上进入工作状态。所以，我自幼养成了在规定时间内完成相应工作的好习惯。在干农活时，我掌握了合理使用时间的方法。

在当时的农业生产中，马匹是必不可少的。父亲常教我，驯马最重要的是有气势：“因为马会识人，所以即使自己身材矮小，也要威风凛凛地驾驭它。”他还说过“只有善待马，马才会听你的命令”等等，我至今记忆犹新。

上小学时我就会骑马，骑的是没有马鞍的裸马。我还有个向右偏的不良习惯，需要矫正着才能直行。有时骑马奔跑不顺利时，我也会一头扎进小河里。

有一次掉进小河后，河水顿时染成了红色。我从河里爬起来，流着血，再骑上马回家。到家之后，父亲拿出马受伤时使用的外用药涂在我的伤口上。本来是必须缝合的伤口，就这样简单地处理了。至今，我的头部还留有凹陷的伤疤。

还有一件事情。

因为要到住在邻村的母亲的妹妹家里帮忙干农活，所以我们带着马一起出门了。到了傍晚，父亲说：“我喝完酒再回家，你先骑马回去。”但我在3公里路程的回家途中，在马背上睡着了。

等我察觉时，我已经在马舍了。马到家后进了马舍，一直等我醒来。在给马割草、喂饲料等过程中，马和儿时的我完全亲密起来了。

一般农民在干农活的基础上，还必须掌握编织装米用的草袋、把米袋放在马鞍上系紧这些技术活儿。我上初中时就学会了这些，让周围人刮目相看。这都是父亲教导的结果。

夏天的乐趣是晚饭后拿着马提灯和鱼叉，跟着父亲到水田里抓鳗鱼。这时父亲就会说"鳗鱼在太平洋产卵，孵化后游到富士川，然后游到我们这里"等等，这些话大大激发了我的好奇心。

为了让身为长子的我将来成为一家之长，父亲从各方面对我进行严格的培养。当时的农家都这样，孩子从小就被管教得特别严格。比如，我在冬天的早晨觉得冷，如果弓着背、手插到口袋里，就会被父亲大声训斥。

为了植树，父亲经常带我去山里。我们种植的多数是杉柏、红松、落叶松等。当时父亲亲切地说道："在我这一代这些树还成不了材，无法砍伐，将来到你们这一代就有用了。"他还说："现在砍伐的树木都是祖先们留下来的。"

我有时也和朋友一起到山里露宿，用爬山虎藤条做游戏，或者钓鱼。因为可能有熊出没，所以作为负责人，我吩咐过，整个晚上都要有人值班以保证火不熄灭。

打架也是常有的事儿，我是因为受到挑衅而打架，多数是被五六个人围攻。高年级的学生好像觉得我不顺眼。我被高年级学生欺负而哭哭啼啼时，父亲总是置之不理。

于是，我制定了反击策略，决定瞄准其中一个人，彻底打败他。其他孩子看到那个人被打后，吓得都逃跑了。

父亲常告诫我"绝对不能欺负弱者""必须信守承诺"等。

扫集落叶

一到冬天，等我们兄弟几个从中小学放学回家后，父亲就带着我们去后山打柴，或者扫集落叶。

落叶指的是松树的枯叶，容易点燃，在灶膛里用火柴点火时，一般把它作为引火物。在松树林里用竹耙子收集落叶，然后装进有后背那么高的筐篓里背回家，在当地，这是孩子们的活儿。

现在一进山就有好多落叶。但是在当时，所有家庭都要扫集落叶，想扫集很多落叶是很费时的。背着装满落叶的筐篓走在又陡又窄的下山路上也不是件容易的事情，并且黄昏的山路对孩子来说也比较难走。背着筐篓，不知跌了多少个屁股蹲儿才能到家。

背柴下山则更辛苦。外出做父亲的帮手、用背架装满木柴背下山时，途中有时也会被路边的树枝挂住。当用尽全力通过时，往往会因用力过猛而被惯性弹出三米多远。

有时还会被背着的木柴压在底下，像被大山盖住一样，怎么也站不起来。

我如果说“今天要学习”，就能摆脱这些劳动。但是也不能光学习，因为这些是冬天里孩子们分内的活儿。收集的这些木柴和落叶会成为农家一年的燃料。

有一件事情令我难忘。有一次，我和弟弟们一起进山干活儿，突然听到刺耳的钟声，“着火了”，三人急忙沿着山路奔跑，跑到能看到家里房屋的山顶上，看到我家平安无事，我们才放下心来。

成人后不久的一天，我在韭崎市锅山的家中迎来了一场雪，从前一天夜里开始一直下，到第二天早上，积雪已超过 25 厘米。

外面令人留恋的冬季景色让我想起了什么，早早起来，忘记了寒冷，开始整理支撑松枝的支柱。在清扫老宅新家之间路上的积雪时，我还出了汗。雪中流汗让我想起了令人怀念的孩提时代的情景，就像在昨天发生的一样，历历在目。

在孩提时代，冬天降雪是一件令我非常高兴的事情，因为既可以不干活儿，还可以滑雪。

过去经常攀爬的后山，现已完全荒废，再没有人上山劈柴了，也没有人去收集落叶了。虽说走过的山路到处都还有从前的影子，但月季和枯木重重，人的痕迹消失殆尽。

父亲和村民们以前一起种植的树木中，松树和杉树已经长大，和其他杂树一样被蔓藤缠绕，算不上风景美丽。

那个后山，如果被雪完全覆盖的话，景色和我孩提时扛着竹子做的临时滑雪道具去滑雪时眺望到的一样，仍然很美。

动作灵活的孩子

虽然自己没什么记忆，但母亲常说“小智好动，有时很危险，令人头痛。他从来不慢慢走过去，而是连滚带爬地奔向目标，可能他觉得那样更快些吧”等等。

在前面已经讲过，我上了小学之后还总受伤，一受伤，祖母就到院子前面的地边角处采些鱼腥草，揉搓，挤出药汁，涂在我的伤口上。我两腿上现在留有很多受伤的痕迹，从中可以想象出我当年好动的情形。

第二次世界大战结束前，我们小学的教室一半都被留守部队的士兵占用了，学生们只能在剩余的教室里挤着上课。士兵们在山脚附近挖了一些大洞作为防空洞，如果美国士兵来进攻，他们就躲进洞里。士兵们干的这些和我们小孩子玩的士兵游戏没什么两样。

某天，空袭警报响了，我和父亲一起到家附近的城山避难。从高冈上，我看到甲府市被投掷了燃烧弹，燃烧成了一片。

那时，我还是个 10 岁的孩子。看到火光像明亮的烟花一样，我说了一句：“真漂亮啊！”话音未落，旁边的父亲说：“那是美国飞机投掷的燃烧弹，大火在烧整个城市！”父亲顺手“咚”地给了我一拳。

8 月 15 日，战争结束，曾经在村中精神抖擞地阔步走的士兵不再精神了，还有的坐在路旁哭泣。小学同班同学原来只有男生 9 名、女生 20 名，但这时因被大火烧得无家可归，以及被疏散的部队的孩子也都聚集到这里，班里的同学增加到了 60 名。

虽然战争已经结束，但是村里孩子们的情况并没有发生变化。然而，有个留守部队军官的女儿在教室里啼哭的情景，至今仍留在我的脑海里。

战时、战后粮食都极其匮乏，即使孩子也能感受到这种匮乏。在村里，经常遇到挨家挨户乞讨大米、白薯的人。祖母蒸了米饭，趁她外出的空当，锅里的米饭就被人全部盛光了。父亲留在田畦里的白薯也被人挖走了。

在学校，老师教导学生要携带大米和白薯掺半的盒饭。虽说我们农家孩子没那个必要，但要照顾不能吃饱饭的同班同学的心情。这种生活持续了数年。

在我的记忆中，父母从来没有说过让我们好好学习的话。我在小学时，体育成绩很好，被评为“优”，其中，我最擅长跳高。我总是盼望着上体育课。和同学们一起跑马拉松时，我也总是最先到达终点。

上中学后，我被吩咐帮着干农活的时候多了起来。农忙季节，有时学校也会放假。有时早上起来，我要先去帮着干农活，然后再去上学。

因帮着干农活而不去上学时，班主任铃木胜枝老师常常会走过泥泞的田埂到田地里来看我。铃木老师是韮崎高中校长的夫人，带有都市风范，是大家仰慕的对象。

我虽说干了那么多农活，但学习成绩也还好，这一点好像得到了铃木老师的认同。她推荐我做了班委。因为我不擅长背诵，语文不好，所以老师有时会说：“大村君将来要成为村长，这样可不行啊。”因为自己和周围的人都想到过我将来能当神山村村长，所以我多少有些觉悟。后来因为合并，村子也就没有了。

我和铃木老师的交往，从高中到大学，一直持续到在北里研究所工作期间。每次到国外，我肯定都会给老师寄明信片。后来听说老师一直保存着那些明信片。老师上了年纪后，同学们去看望她时，她还聊起过我。

转 机

1951 年，我入学山梨县立韮崎高中。高三时，我所在的班级里都是学习成绩差的学生。大家认为，反正毕业后要继承家里的农业，学习成绩好也没有什么用，所以就都没有努力学习。

父亲的了不起之处在于，当时他停止了对我各种各样的支使，而把我当作成人看待。我热衷于滑雪，最初加入了学校足球部，退出后又加入了乒乓球部，但因为各俱乐部的部长都是滑雪部的成员，以此为契机，我又尝试着加入了滑雪部。

高中三年级时，我在山梨县滑雪锦标赛上获得了长距离滑雪普通级别的冠军。我得到了韮崎市主持韮崎滑雪俱乐部的山寺严氏的指导。在有比赛和训练的时候，因为早上要从山寺老师家附近乘坐公交车出发，所以头天晚上，我和滑雪的伙伴们要一起住在山寺老师家里。晚上，大家围坐在一起吃汤团热锅。

1953 年是我人生的转折点。刚进入高三不久，因阑尾炎手术需要短时间休养，我开始好好读书。父亲见状便对我说："如果有希望上大学的话，可以去读大学。"

初中毕业前，父亲对我一直严加管教，但对我学习之事却从不过问，我自己也没有想过考大学的事情。虽然和早已开始备考的同班同学相比，我着手已晚，但因为父亲的这一句话，我决定全力以赴地备考。

当然，父母的愿望还是长子继承家业，与他们共同生活。但是，父亲从社会形势的变化认识到了，只靠务农难以维持生活。

对于只喜欢滑雪、打乒乓球、踢足球的我来说，考学一事开启了光明的未来。

我拿着高考杂志开始拼命地学习，每天只睡数小时。由于用力过度搞垮了身体，从那时开始的耳鸣，如同青春的印迹，一直伴随着我，持续到现在。

滑雪竞技锻炼了我，使我懂得了胜负，也会有效地利用时间来学习。虽然时间短，但拼命地备考还是很奏效的。虽然被班主任老师认为考不上国立山梨大学，但我还是如愿地考上了山梨大学农艺学部自然科学专业。

我们班里，考上国立大学的，应该只有我一个人。在备考前，我连山梨大学的名字都不知道。实际上，山梨大学位于甲府市，我可以从家里往返上学，还是比较方便的。

第三章 走向科学之路

山梨大学

我 1954 年 4 月入学山梨大学。入学后我虽然忙于滑雪，但滑雪之后也集中精力学习了。考试前，我猜测“那个老师考试时不会出这部分内容”等，经常猜中，所以其他同学会围过来看我的笔记。

我学习上没有挂科，但是对德语课有痛苦的记忆。德语老师每次上课时都会发不同颜色的彩纸来记考勤，至于课上会发哪种颜色的彩纸，只有在当堂课上才会知道，所以事先不能委托朋友代办。

因滑雪不能上课，曾由 3 个朋友分别代签我的名字。没过多长时间，我就被德语老师叫去，让我看三张彩纸。老师训斥道：“大村君，这是怎么回事？”结果是“不及格”。补考之事仅此一次。

我选择了化学专业。山梨大学有“学生中心制”制度，学生一开始就选定了个人指导老师，我的指导老师是教有机化学的丸田铨二郎先生。

由于学校教育理念出色，所以管理很人性化，学生想做实验时随时都可以去实验室。即使尽情地玩，我想做实验时也不耽搁。滑雪回来，我可以边吃饭边做实验。总之，常年都可以做实验。

按照理论推算，做实验会出现预期的变化，或者生成结晶。即使实验失败，也会觉得很有趣。因为多数实验都不像教科书写的那样进展顺利，所以我就思考其原理，不断钻研在哪一步改进、如何改进等。我也制作实验设备，故而经常会得到出入实验室的公司职员的表扬——“连这事儿你都能干啊！”得到表扬的同时，我的自信心也增强了。

学习滑雪

我在山梨大学也热衷于滑雪。从全国来看，因山梨县积雪少，所以当地滑雪水平不高。渐渐地，我有些不满足于现状了。我向韮崎滑雪俱乐部的山寺严氏提出了想接受一流指导的愿望，于是从大学一年级的冬天开始，就参加了滑雪发祥地新潟池平的滑雪集训，在那里得到了山寺严氏的恩师横山隆策先生的指导。横山隆策先生有“横山天皇”“传奇的滑雪者”等称号，培养过多名奥运会出场水平的知名选手。

滑雪时因寒冷，鼻涕流出来了。我用手擦鼻涕被老师看到了，老师生气地说：“擦鼻涕的那只手还有力气的话，为什么不再使劲往前迈一步？”

训练非常严格，连我自己都能感觉到进步非常快。

时隔几十年，我获得诺贝尔奖后，与横山先生的儿子久雄一起吃饭，重温旧情。久雄在大学的滑雪对抗赛中获得过冠军，他的两个女儿也参加过奥运会，他家是非常出色的“滑雪之家”。

从高中到大学，在山梨县的长距离滑雪比赛中，我每年都获得了冠军。滑雪并不是只有力气就可以的，还必须动脑子。

例如，涂蜡，必须根据山上的情况来决定涂法。朝阳的地方雪就黏糊糊的，背阴的地方雪就是颗粒状的，情况各种各样，涂法各有不同。输赢的关键就是结合各种情况好好地涂蜡，然后找到最适合的滑法，好成绩就出来了。

滑雪季过后，竹笋长出来的季节，弟子们集合起来，围在横山先生周围，一边吃竹笋，一边举办像总结会似的聚会。关于横山老师的趣事，当时我是从得过全国比赛数次冠军的中部电力主力加藤正英氏那里听说的。

新潟滑雪队在长距离赛方面，怎么也敌不过常胜冠军北海道队。他们去北海道进行了各种各样的请教学习，可还是没能赢。

横山先生说：“停止模仿北海道的做法。”于是，我们切换为独自练习法。我们自己互相商量，反复下功夫想办法，最后终于取得了胜利。

这种方法也适用于搞研究。要想让年轻人提高能力，就必须让他加入高水平的人群当中，而且绝对不能只模仿对手，要采用独特的方法才能超越对手。

因此，我主持研究室工作以后，就用心留意不去培养自己的复制品。我宣布大概方针，营造研究环境，准备一定的研究经费，剩下的，就由年轻人自己去完成。

我在山梨大学过着随心所欲地滑雪、做实验的日子，转眼就要毕业了。父亲希望我在山梨县内当教师，这样就可以从家里上下班。

我在大学除了取得理科教师资格证，还考取了体育教师资格证。其原委是大学体育科目中有滑雪课，但是没有教师能教这门课，学校就委托我教授滑雪技能。

和体育教师一起在外吃饭时，他劝说：“你也考个体育教师资格证吧，怎么样？”

回到学校，他让我看了一下必修科目，说：“若再有 4 个科目考试通过就可以了。”于是，我按照要求考取了体育教师资格证。因为我在县里多个比赛中获得过滑雪冠军，所以在同班同学中取得的大学学分应该是最高的。

但是因为不景气，当年山梨县内没有招聘理科教师，听说只招聘一名体育教师，而当体育教师并不符合我的志趣。

都立高中教师

我在大学仅保持适度的学习，几乎专注于体育，度过了 4 年时间。不用说，父母希望我在县内的初高中担任教师。

可是 1958 年毕业那年最不景气，整个县内仅招聘一名体育教师，我不得不参加县外教师招聘考试。

我参加了东京都、神奈川县、北海道等地的招聘考试。我报考东京都是因为它是首都，而我报考神奈川县和北海道的理由则很单纯——报考神奈川县是因为那里有亲戚，报考北海道是因为那里可以滑雪。

虽说东京都的招聘考试最难，竞争比例约 30 ∶ 1，但我心想就是这里了，于是竭尽全力复习，结果通过了考试。

招聘考试合格后，我收到了三宅岛都立高中校长的电报，内容如下：“如果希望来三宅高中，请立即联系，等待。”2000 年，三宅岛火山喷发，全岛居民被迫度过了四年零五个月的避难生活。

父亲高兴地说：“真找到了教师的饭碗，太好啦。”我说：“稍等一下，看一下地图，在这儿呢。”看上去交通不方便，回一趟父母住的韮崎也不容易。

拒绝三宅岛后，父亲去东京，向熟人打听消息，帮我寻找工作单位。他连教育局局长办公室都去了，最后找出都立墨田工业高中有录用指标。他真了不起。

到这所高中就职，成了我人生重要的转折点。我在担任高中教师的同时开始苦学，不久就走上了研究者的道路。

我的脑海里经常浮现出当年父亲尽管年过 60，但为了儿子的工作，在东京到处打听消息的身影。据说，他是为了尽做父亲应尽的义务。从那以后，虽然我经历了研究生活变化、工作单位变动等各种事情，但除非想和他商量，否则父亲一切都不再插嘴，只默默地守候着。

在夜校高中任教

1958年3月，我从山梨大学毕业，4月开始成为东京都立墨田工业高中教师。为了有更多自由时间，我选择了夜校工作。

我母亲的妹妹满寿子姨母的婆家中里英夫的住宅位于东京都江东区南砂町三丁目，我在她家住了一年。姨母像我家人一样照顾我，给我洗衣服、做饭等。

从姨母家到墨田工业高中有3公里，我骑着时尚的红色变速自行车上班。休息日的时候，我高兴地骑着自行车穿过永代桥到日本桥白木屋（现日本桥店）购物，或者参拜周边的神社、寺院。

第2年我住到了奶奶的亲戚，即叔叔深泽几市的家里，不要房租。他家位于埼玉县浦和市（现埼玉县浦和区）岸町四丁目。叔叔因患有帕金森病而行动不便，我是叔母的帮手兼护卫。

从东京教育大学的旁听生到东京理科大学研究生院硕士毕业，我一直都住在那里。弟弟泰三也和我一起在那里住了一年，后来他搬到了东京大学的宿舍里住。我来东京时向父亲承诺要照顾泰三。墨田高中的学生也常来叔叔家玩。

叔叔家非常大。有一天，卖化妆品的小贩出现在大门口，我谢绝说“用不到这些”，小贩就走了。但是过了一会儿，后门的门铃响了。出去一看，是同一个小贩。小贩看到我，也吃了一惊。这种情况有过数次。叔叔家的庭院也大。我时常想起当年睡不着觉的时候就到院子里走来走去的情景。

叔母是相扑迷，特别偏爱十两长谷川，经常去东京都藏前的国技馆看比赛，有时也带上我去看。我喜欢相扑是叔母相传的。

离开故乡后，在精神上给予我最大支持的是刚从山梨大学校长职位上退休并搬到东京的安达祯先生。在我大学毕业前夕，地理学教研室的田中元之进先生将我带到校长办公室，使我有机会认识了校长。

安达先生在第二次世界大战期间担任过旅顺工科大学（1909 年由日本政府在中国辽宁旅顺设立的一所旧体制大学。——编者）校长，战后通过文部省（现文部科学省），调到新制山梨大学任首任校长。他经常说："什么事情都要拿到千张草席的正中央做。"意思就是，要堂堂正正地做事。我践行他的话，也以身作则。在搞研究上也一样，我和大家说打算做的事情，会先亲自示范。

时光倒流，那是在毕业典礼上发生的事。当时，学校邀请了县里及文部省的嘉宾，但是学生人声嘈杂，安静不下来，典礼不能如期开始。安达校长大喝一声："安静！混蛋。"会场瞬间鸦雀无声，安静下来了。

来东京后，我经常带着酒到东京都大田区池上安达先生的家里打扰他。先生一喝了酒，话就多起来了，我们可以轻松地聊天。当困惑、疲惫时，一去先生家，士气就会被重新鼓舞起来。

数年后，安达先生因癌症住在广尾医院。我从其夫人那里得到消息，因手术输血，需要 O 型血。我是 O 型血，我还召集其他伙伴赶到医院献血。虽然很遗憾，安达先生还是去世了，但我们表达了自己最后的心意。

当年，田中元之进先生之所以特意把我带到校长办公室向安达先生做了引荐，是因为我所在的化学教研室的隔壁就是田中先生的地理学教研室。我喜欢学习地质学和矿物学，考试也取得了好成绩，经常出入田中先生的教研室，得到了他的关注。

当年对南阿尔卑斯市夜叉神卡山林中的道路进行施工地质勘察时，我作为助手，和先生一起做了各种调查工作。这都是很早以前的事了。但是，那些经验后来在我自己挖掘温泉时发挥了作用，真很神奇。

田中先生鼓励我说："大村君，与从哪个大学毕业、学了什么相比，重要的是大学毕业后的 5 年内是如何努力的。"或许他早就知道我光滑雪，没怎么好好学习吧。

在东京都立墨田工业高中，我除了教夜校的理科课程，还教体育，分管电气科和建筑科的 35 人左右的课程。来上课的都是白天工作，即使很劳累但还想学习的有热情的学生。

第 2 年，我分管电气科一年级的班级。我调查了一下以往学生的在籍状况，发现多数都中途退学了，所以我总像口头禅一样鼓励班上的学生："一个都不能少，要全员一起迎接毕业典礼。"结果，这个班的毕业生比历届任何一个班的人数都多。

我经常从繁忙的工作中抽出时间和学生们进行交流，和他们一起活动，如去新潟妙高高原滑雪、去埼玉县镰北湖郊游等。

我还是高中乒乓球部的顾问。我高中时打过乒乓球，所以对自己的水平有信心，鼓励学生们说："如果有 4 名队员能赢了我的话，你们在东京都立大会上就可以获得冠军。"他们中有 3 人确实有赢我的实力。最后，乒乓球部获得了亚军。

获得亚军的墨田工业高中乒乓球部（手持奖杯者为作者）

满是油污的手

发生在东京都立墨田工业高中的夜校班进行化学考试时的一件事，彻底改变了我的人生。因为学生都是街道工厂的工人，所以他们得工作结束后才能来学校上课。有个学生，平时就经常迟到，那天要考试，考试马上就要开始了，他才坐到座位上。

考试开始了，我来回巡视学生的情况。我的目光一下子停留在了迟到学生的手上。他握着铅笔的手指上还能看到油渍，指甲是黑的，衬衫上还有汗渍和油渍。他正在认真地看答题纸。他一定是急着赶过来，手都没有顾上洗。

看到学生努力的状态，我感到羞愧，心里想，迄今为止，自己都干了什么？不能再这样下去了，我要重新学习，做自己喜欢的化学研究。这样一想，于是我决定报考研究生。

我同母校山梨大学的恩师丸田铨二郎先生商量后，他把我介绍给了东京教育大学（现筑波大学）的小原哲二郎先生。小原先生听了我的愿望后，又把我介绍给了理学部的杉山登先生。

拜访杉山先生时，我遇到了天然有机化学大家中西香尔先生。我得到了旁听的许可，从1959年开始，我以旁听生的身份，以中西先生的课为主，听了一年的课。为了让我读英文版的《有机化学的电子理论》（培克尔著。——编者），中西先生把那本书送给了我。

中西先生为了满足我读研究生的愿望，给予了我很大的帮助。他说，要想一边在东京都立高中工作一边进入国立大学研究生院学习，比较难办，但若一边在东京都立高中工作一边进入私立东京理科大学研究生院学习，应该没问题。因此，他把我介绍给了研究有机化合物糖类立体结构的东京理科大学的都筑洋次郎先生。

当时，东京理科大学研究生院的考试竞争不激烈，我顺利通过了考试。都筑先生主要致力于研究合成糖酯结合中具有表面活性的化合物。虽然我成功地合成了目的化合物，但遗憾的是，横滨国立大学的篠田耕三先生用同样的数据先发表了论文。

为此，在讲师森信雄先生的指导下，我变更为研究含氧酸分子内部结构中的氢键。因白白浪费了最初的一年，所以我硕士毕业用了三年的时间，直到1963年3月才完成论文。森先生把我当弟弟看待，鼓励我勤奋学习。

在研究生院期间，我还参加了以东京大学老师为主举办的新技术培训班，学习核磁共振波谱（NMR）设备的使用方法。我不仅用以往的红外光谱测定氢键，还试着用 NMR 测定氢键。

东京理科大学的设备性能不好，因都筑先生有个学生在东京工业试验所（现产业技术综合研究所）工作，所以我有机会使用他们的设备。那是日本当时唯一的磁场强度 60 MHz 的高性能设备。

东京工业试验所的高性能 NMR 一般在半夜才会空闲下来，所以我就半夜去，通宵测定，测定一个样本需要一个晚上。因这个设备的重要部件露在外面，所以温度稍微变化或有震动，记录的数据就会随之变动。

最初，多次测定都不顺利，但不久我便可熟练测定天然物的化学结构了。体验过这种高性能 NMR 设备的，在日本我应该是第一人吧。

使用东京工业试验所高性能 NMR 做实验

在东京理科大学学习期间，我把睡袋带到研究室，从周五的夜里一直到周日，集中时间做实验，因为我还是高中教师，不得已而为之。别人佩服地说道："连周日都来工作啊。”其间印象深刻的是在 1962 年 11 月大学创立 80 周年的纪念典礼上，我作为学生代表上台发了言。

都筑先生说：“论文必须用英文写。”庆幸的是，用英文写论文，我一直坚持了下来。基于这个原因，我的论文虽说日本的研究者不知道，但在海外已被广泛阅读。

在东京理科大学读硕士研究生的那段时间，也是我半生中最辛苦的时期。那个时候一发了工资就要先买电车月票，并买一箱当时刚上市的方便面，确保一个月的基本生活。衣服是到附近的当铺兼卖中古衣服的地方去买，在那里可以买到特价衣服，我和那个店的女主人关系也很好。我就读的是私立大学里学费最便宜的院系，即使那样，因为既要信守对父亲的承诺而支援弟弟泰三，又要买书，所以我常处于缺钱状态。

为此，我平日还在东京都世田谷区三轩茶屋车站附近的国士馆高中、品川区攻玉社高中以及标准鞋厂的普通高中（1979 年停办）兼职教化学，以那些收入再加上都立高中教师的工资来维持生活。虽然很辛苦，但我每天都过得很充实。

结　婚

在研究生快要毕业时，我辞去都立高中教师工作而成为研究者的想法越来越强烈。

父亲从认识的大学教授那里听说了我的想法，便对我说：“凭你的资历，搞研究顶多到讲师，而如果继续当高中教师，好好干的话，可以成为校长。”他没给我好脸色看。

正好赶上一个机会。山梨大学的恩师丸田铨二郎先生告诉我：“有职位，回来。”自 1963 年 4 月开始，我作为助手，在山梨大学工学部发酵生产学科，即在研究红酒和白兰地酒生产的加贺美元男教授的手下，工作了两年。

到山梨大学工作之前，我通过墨田工业高中的同事、机械科的井伊尹老师的介绍，认识了妻子文子。井伊老师的哥哥是新潟县丝鱼川市一个大寺院的住持。据他哥哥说，当地有位姑娘希望嫁给将来成为研究者的人。

姑娘名字叫秋山文子。她喜欢学习，日本女子经济短期大学（现嘉悦大学）毕业后，按照老师的希望进入日本大学商学部学习了 2 年，随后作为进修生又留在大学学习了 1 年。老师曾建议她进入研究生院学习。

我一看照片，胖乎乎的，很有魅力，于是向井伊老师表达了想进一步交往的想法。

1962 年秋，我和文子的母亲即未来的岳母见了面，“面试”合格了。我感到文子的母亲确实很温和，并且多个方面显露出聪明的一面，心想：“这个人的女儿应该也不错。”随后，我与文子见了面。我被文子开朗、天真烂漫的性格吸引住了。

我和文子多次见面、书信往来后，她希望我去一趟丝鱼川。文子的父亲即未来的岳父秋山知正是个非常严厉的人，对三男一女 4 个孩子的教育好像也很严厉。据说，他曾祖父曾任丝鱼川藩城代理家老。

到了丝鱼川，文子的父亲迟迟不见我。我已经在井伊老师哥哥的寺院里住了 3 晚，当想着“要不就回去吧”的时候，文子的父亲终于说让我去见面。

第一次见面，感觉到的是“如果世道不变的话，不会让女儿嫁给一个农家小子”。他好像对我不太满意。

我想，他大概不想让女儿嫁给一个既没钱，前途也不明朗的研究者吧。文子的父亲问道：“你能让我女儿吃饱饭吗？”我答道：“能让她吃饱吧。”我知道他指的不是单单让她吃饱，而是让她吃上什么。我的回答肯定让他生气了。

尽管如此，文子还是认真地表示，想和不同于商人的我结婚。最后，她父亲只好让步了。3 月 23 日，在我成为山梨大学加贺美元男教授的助手之前，我们在锦丝町的“锦水会馆”举办了婚礼。新婚旅行是使用国铁面向学生的折扣票周游房总半岛。

文子的娘家位于道路从新潟县的丝鱼川向松本市延伸，与过去称为“盐道”的国道 148 号线（进入大町市以后称为 147 号线）起点的交叉点一带。她娘家当时经营百货店，现在，百货店已归他人所有。

在婚礼上，有关武田信玄、上杉谦信的话题成了中心，我们甲州的亲戚们处于略显不利的状况。文子说“谦信单纯”，而“信玄是连父母都赶走的恶人”，一谈到这些话题，我们两人互不相让。

在锦水会馆举办的婚礼上（左起第 2 人是作者，他旁边是文子）

我们结婚两三年后，岳父在提到我这个女婿时，会自豪地说：“我儿子在踏踏实实地干事业。”看来，我得到了他的认可。

再到山梨大学

回到山梨县，在甲府的新婚生活，对文子来说是艰难的。她不仅生活不习惯，也难以耐受盆地特有的冬冷夏热的气候。

某个夏天的傍晚，我回到家一看，文子正后背对着打开的冰箱凉快着呢。我们住上带空调的房子，还是到东京过了一段时间以后的事。这种住处简陋的生活，该是她不曾有过的吧。尽管这样，她还是不顾身体，全力支持初出茅庐的我。

被称为“酒神”的应用微生物学的权威，东京大学的坂口谨一郎教授，常来山梨大学集中讲课。正如坂口先生所说，“微生物什么都会”。葡萄汁里放入酵母，瞬间冒泡酿成酒，真是了不起的事情。坂口先生的口头禅有“把事情交给微生物做，从不让你失望”等。他以此来鼓励学习、应用微生物的学生和年轻学者。

由于懂得了微生物的有趣之处，我不仅按照手册进行酒精发酵，还想进一步研究化学了。我想，如果把我的化学研究能力和微生物的各种能力结合起来的话，会发生更有趣的事吧。这么一想，我便白天做分内的工作，晚上做其他想做的实验。

我的工资基本都花在买书上了，有时还要购置实验设备，所以生活基本靠文子的陪嫁钱及她丝鱼川娘家的补贴来维持。我把文子也拉到了穷学生似的生活中来，但她在很好地坚持着。

不仅如此，夜间做实验时，她还经常来送晚饭并帮我整理实验数据。在这样的生活中，文子唯一的乐趣就是回娘家待几天。

她回娘家可以帮父亲一起打理百货店，和母亲一起消磨时光。回来的时候，母亲说是“土特产”，其实是生活食材，用纸箱子装得满满的，直接邮寄到我家。母亲还给零用钱。

时至今日，我桌子上仍放着刚结婚时文子送给我的礼物——一本在装饰框里放着的嘉悦孝（日本第一所私立女子商业学校的创立者，又称为孝子）的书《别生气，好好工作》。那是文子在嘉悦大学同学会上得到的书。她对爱发脾气的我说：“书中有蛮适合你的话。”亲手把书给了我。虽说是一句幽默的话，但理解其真正含义还是很久以后的事了。

北里研究所

我作为助手在山梨大学工作期间，回东京的想法又有些抬头。我想是因当时太年轻，追求刺激而已。在甲府，文子连教算盘的短工机会都找不到，她也想回东京。这时，东京理科大学时的朋友佐藤公隆君问，药学部山川浩司教授研究室副教授的职位空着，我是否愿意去。

我马上和山川先生取得了联系，自认为没问题，就在对方什么都没确定下来的情况下，早早地向山梨大学表达了辞去工作的意向。然而东京理科大学的副教授没能按照预期调到其他大学去。我心里想"这下糟了"，但已无济于事。佐藤君又把我介绍到山川先生的研究同行、时任北里研究所药学教授的小仓治夫先生那里。我去拜访了小仓先生。

小仓先生告诉我，北里研究所所长、北里学园理事长兼药学部微生物学教研室教授的秦藤树先生正在招聘一名助手。就为争取这个名额，我混在刚毕业的年轻人当中一起参加了北里研究所的入职考试。

我大学毕业已经7年了，能考过吗？我心里有些忐忑。但为了来东京，没有别的办法。我抱着无论如何都要考过的想法参加了考试，总算合格了。但不知道什么原因，听说包括我在内，共录用了两名助手。另一位是片桐通子君，他后来一直支持我的研究工作。

我收到了考试合格通知书正高兴时，又收到了另一封信。信中说，X 线的检查结果提示“可疑肺结核”，建议复查。我有些不安，可文子却很淡定，说：“北里研究所医院本来就有结核专科，住院治好就可以了嘛。”

复查后，北里研究所秦藤树所长通知我去一趟。我抱着“这次可能不行吧”的想法出发了。但秦先生把大张的 X 线片放在我眼前，说：“什么也没有啊。”我放下心来。X 线显示的问题，可能是在山梨大学做实验时经常吸入四氯化碳，引起肺部炎症而留下的痕迹。

1965 年 4 月，我被录用为北里研究所最大的秦研究室的技师助理。秦先生当时是日本抗生素研究领域的带头人，身上还有医生特有的难以接近的一面。最初，研究室安排我为秦先生在讲课中擦黑板。

秦先生一说“喂”，我就要马上擦掉黑板上写的文字和化学结构式。在擦掉之前，上述内容我已全部抄写在笔记本上了，非常有益于学习。

秦先生发现的抗生物质有丝裂霉素、北里霉素等。但是，他的下属都是学微生物的，没有懂化学的优秀人才，所以即使他们给发现的物质命名了，也会因不能查明物质的结构导致半途而废。当时，有的药物连结构式都没搞清楚就上市销售，现在想想真可怕。

我是搞化学的，掌握了分离物质成分的技术。在东京理科大学上研究生时，我掌握了 NMR 测定物质结构的方法，非常有用。

被北里研究所录用后不久，我向秦先生说明购买 NMR 的必要性，请求购进了日立制作所生产的永磁的磁场强度为 60MHz 的 NMR 设备。

这里有个小插曲，是发生在我和小仓先生一起去日立那珂工厂进行设备交涉时的事。对方的负责人误认为我是教授，而小仓先生是助手。这件事到现在我都记得非常清楚。当时我年龄大这件事，对我来说不知是喜还是悲。

NMR 设备一到，小仓教授和药物制造学教研室的恩田政行教授就委托我测定样品。因为有了这个设备，我可以和两位教授围绕着共同的研究进行各种各样的交流。

我用 NMR 设备来分析抗生素的结构。例如，北里霉素有 10 种成分，我把它们一个个分离出来，分别确定它们的结构。北里霉素是具有 16 元环内酯的大环内酯类抗生素。后来我发现的阿维菌素（Avermectin）也含有 16 元环内酯成分，感觉这是神赐的缘分。

我依次阐明了大环内酯类相关化合物的结构。我和小仓教授共同发表的英文论文，得到了国际上的关注。

我和秦先生意见不一致。指导学生时，我从研究化学的角度来看，认为实验中使用的物质的量和处理的方法都有问题，有时要全部修改。

最初，我连青霉素的结构式都不知道，后来拼命地学习了两年，并听从秦先生的建议，在日本化学学会主办的杂志《化学与工业》上发表了概论《抗生素的进步》。

我再次来到东京后，委托住在世田谷区的文子母亲的亲戚、小川密子叔母帮着寻找与我工资相符的住处，租住在濑田二丁目“大明庄”。公寓除一间6叠（一叠约1.62平方米。——编者）大小的房间外，还有打开壁橱拿出被褥后可以充当一间3叠大小房间的起居室，还带有一个3叠大小的厨房。

没有浴室。没有比这更简陋的公寓了，但我每天都过着废寝忘食的研究生活。

我有时也让文子担心。某个寒冬的晚上，从澡堂回来的路上，思考着北里霉素的结构式，我徘徊了2个小时才到家。

毛巾已冻得硬邦邦的，但我没有感觉到冷，也不记得走到哪里了，倒也没感冒。

即使在房间里工作，我有时也会忘记打开空调，身体都冻透了。这种事是常有的，我倒也不常感冒。

岳父到这个家一看，觉得条件太艰苦了。随后，岳父在世田谷区濑田五丁目买下带有建筑物的约80坪（1坪约3.3平方米。——编者）的房产，让我们住了进去。

因家里带有庭院，所以研究室的学生们常来玩。

从那以后，我们在那个地方住了20多年。

第四章

振翅飞翔

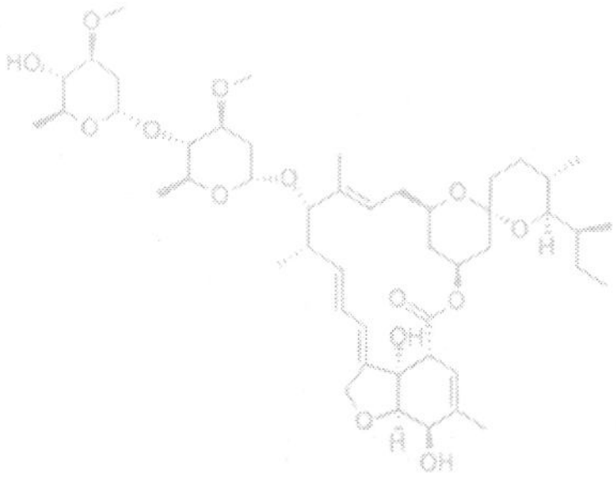

决意赴美留学

文子已经习惯了东京的生活，活动范围大，可以和朋友们交往，如品茶、进行英语会话等，看得出，她的生活多了很多乐趣。尽管生活变化了，但她支持我搞研究工作的想法没变，还在用开私塾、当家庭教师的办法来补贴家用。

在我这方面则因为进入北里研究所的时间比普通研究者晚 7 年，所以我有些焦虑。我专注于拼命地搞研究，大环内酯类抗生素系列的研究已告一段落，我的精神层面也已处于疲惫状态，很难再进行更具高度的研究。

因为是医学研究所，所以我所在的研究室，以秦藤树教授为首，多数是医生。我感到来此进行化学研究的我，即使待在这里，也没有什么前途。

正当我打算进行一次海外旅行的时候，日本药学会恰巧在组织成立国际药学会议欧洲考察团，据说还可以参观访问当地的医药研究设施。

我决定参加考察团。1969 年 8 月，我和文子一起进行了为期 27 天的欧洲旅行，费用是文子的母亲支付的，她也挂念着我的事情。那次环游九国之旅是我第一次到海外旅行，它影响了我后来的思考和行动，也成了我拥有国际化视野的开端。

在考察团中，我最年轻，除我之外，其他全是来自东京大学等有名的老师。但在现场，他们和当地人员似乎也没有进行过多的交谈。在一次访问德国的制药公司时，北里研究所成了中心话题。

当团长介绍我说“这位是北里研究所的人”时，对方随即一个接一个地跟我聊上了。他们询问研究所的情况、创始人北里柴三郎先生的事情等。后来我看到制药公司里矗立着北里先生的半身塑像，感到“北里研究所真是个了不起的地方”，我改变了想法，想在北里研究所再待一段时间看看。

回国后，我在 10 月成为副教授。但一如既往，我和秦先生还是冲突不断。我还曾交过辞职报告。庆幸的是，我周围有许多很好的同事，予我以支持和帮助。

支持和帮助我的人中有日本抗生素学术协议会（现日本感染症医药品协会）常任理事八木泽行正先生的儿子。据说，他曾问他父亲：“能不能给大村想想办法？”八木泽先生建议：“去美国看看怎么样？”

八木泽先生也非常了解秦先生的事情。我征得秦先生同意，于 1971 年 3 月开始了为期 1 个月的旅行。我参加了在加拿大蒙特利尔市召开的抗生素国际会议后，又访问了数个加拿大、美国的大学和制药公司，行程都是八木泽先生拟定的，介绍信也是他提前准备好了的。其实，我当时也在考虑赴美国留学的事情，那次旅行兼做踩点考察工作。

我解明了包括北里霉素在内的大环内酯类抗生素的结构，这件事似乎为大家所知，故我被大家称为“大环内酯人”。我拿着资料说明研究成果时，大家都来听。那次旅行的费用是用研究所的差旅费和我的零用钱来支付的。

八木泽先生委托东洋酿造（现旭化成）的董事渡边哲夫先生照顾我，陪我一起周游。东洋酿造销售北里霉素，所以我算为其做了些许贡献。

从加拿大到美国，从美国的东海岸到美国的中部地区，这确实是一个高强度的行程。

当时认识的人，包括从美国默克集团调到卫斯理大学的马克斯·蒂斯勒教授、辉瑞公司的沃尔特·塞尔默博士、礼来公司的负责人等，后来都成为我强有力的支持者。

我还结识了麻省理工学院（MIT）研究工业微生物学的阿诺德·多曼教授，为以后双方的互助研究打下了基础。他在美国默克集团时曾在马克斯·蒂斯勒教授的指导下工作过。

这是后来发生的事情。后来我推荐多曼教授成为北里研究所的名誉部长。直到现在，我们仍保持着密切的交流合作。由于他在应用微生物学领域为日本做出了很大的贡献，我又推荐他成为叙勋候选人。他于 1999 年获得“勋三等旭日中绶章”。

还有，多曼教授指导的博士后研究者不用说在日本，在世界上，也以“阿诺德军团”（Arnie’s Army）的名义进行交流。这也能够反映出他的业绩和人品吧。

回到日本后，我便正式准备出国留学的事情。秦先生看上去不太在意我今后的规划，这对我来说或许更好，我可以做自己喜欢的事情。另外，因为秦先生带的学生遇到了困难，我便指导了数人的学位论文。

人生分水岭

选定留学的大学后，我立即把用英文打印的信件寄了出去。我询问了五所大学能否聘用我为研究者，回信都说 OK，但条件有所不同。

加拿大蒙特利尔大学的斯蒂芬妮·哈尼赛恩教授说可以给予我博士后的身份、每年 16000 美元的费用，后续还有企业赞助，其所给费用金额在五所大学里最高。另有三所大学都是一年给予我 14000 ~ 15000 美元左右的费用。

有一所大学给的费用仅是其他大学的一半，约 7000 美元，非常低。回信的是位于康涅狄格州米德尔顿市的卫斯理大学的马克斯·蒂斯勒教授。但是，他用电报最先回复我，并且不是给予博士后的身份，而是给予“客座研究教授”的身份欢迎我。

虽然文子说“去工资最高的大学吧”，但是我想：“工资低，会不会有什么别的益处？”还有就是，我很高兴蒂斯勒教授用电报立即回复了我。前段时间去美国旅行见到他时，他给我留下了

“是个大人物”的印象。

他那里的研究氛围充满人情味，并且我感受到了他的人格魅力，所以此事不能听妻子的，我决定去卫斯理大学。现在回顾起来，我当时的选择非常正确，甚至可以说，这个选择是我人生的分水岭。

1971 年 9 月，我从羽田机场出发去美国。在那个时代，到海外留学还很少见，北里研究所的秦藤树先生，还有 1969 年 12 月接任秦所长职务的水之江公英所长等到机场送行，他们用三呼万岁送别我们夫妇。

卫斯理大学校园很大，绿树成荫。我住在几乎免费但条件完善的教职员宿舍里。一上班，作为客座研究教授的待遇，学校就给我配置了单独的办公室。只是工资低，但对日本年轻研究者来说，这已是破格的待遇了。

马克斯 · 蒂斯勒夫妇和我（右侧是作者）

蒂斯勒教授曾担任过美国著名制药企业默克集团的研究所所长，可以说是研究所“中兴之祖”级别的大人物，曾取得研发青霉素、链霉素等业绩。

他一直梦想成为大学老师，1970 年于研究所所长职位退休之前调到卫斯理大学。他向学校捐赠大额款项，成立了化学研究室。他招聘我到研究室工作。若在研究中遇到什么困难，他会立即给美国默克集团以前的部下打电话，以获得信息支持。

先生已年近 70，但有着充沛的精力，每天 6 点就到了空无一人的研究室。他中午回家一趟，再来就一直工作到夜间很晚。我早上起得也很早，但是比不过他。

他平易近人，性情和蔼，说话总是温声细语的。研究室讨论会的内容非常充实，他会随时问我："智，考虑到这个化学反应了吗？"我跟他学会了药物化学。我一直清晰地记得，他很了不起。

即使在美国，我也只吃日本料理，所以文子每天都从宿舍横穿校园到研究室来给我送盒饭。有一次听到敲门声，我抬头一看，是蒂斯勒先生抱着小纸箱站在门口。在他身后，我看到了文子。

蒂斯勒先生看到拿着盛盒饭的小箱子走着的文子，上前打招呼，后来像是两个人轮流着拿小箱子。我想他真的很风趣，但当时我只是因麻烦了他而感到不安。

卫斯理大学

卫斯理大学的研究环境非常好。我的英语不是很好，但是大家都叫我"智，智"，非常照顾我。

1972 年，率领研究室工作的马克斯·蒂斯勒教授就任美国化学学会会长。这是个代表美国、拥有会员 16 万人的非常大的学会。他成为会长后非常忙碌，就委托我管理研究室的工作。我确实感受到了他对我的完全信任。

我研究的内容，不只限于蒂斯勒教授分配给我的，还有从日本带来的。我自己也探究北里研究所发现的北里霉素、嘌呤霉素、浅蓝霉素等化合物的结构与作用机理，同时还指导蒂斯勒教授的博士后和研究生。

与北里研究所不同，这里可以就研究结果与周围各种专业的人进行讨论。还有，这里的核磁共振波谱仪也很好。在“大人物”蒂斯勒教授的研究室，经常有重量级的研究者到访，蒂斯勒教授一定会把我介绍给他们，说：“这是从北里研究所来的大村智博士。”

有一次，我自 1971 年来美国旅行认识后一直交往着的美国著名制药企业辉瑞公司的沃尔特·塞尔默博士打来电话，邀请道：“布洛赫要来，不见一下吗？浅蓝霉素的话题，怎么样啊？”

布洛赫就是 1964 年因“胆固醇及脂肪酸生物合成方面的发现”而获得诺贝尔生理学或医学奖的哈佛大学的康拉德·布洛赫教授。于是我驱车 3 小时，赶到康涅狄格州格罗顿市的辉瑞公司研究基地。

当时，我解明了浅蓝霉素的化学结构，与野村节三先生在进行进一步的共同研究中发现，它具有阻碍脂肪酸生物合成的性质。布洛赫先生一听我的说明，马上说：“如果是真的，那很了不起，咱们共同研究吧。”

我把带来的少量浅蓝霉素交给了他。两三个月之后，布洛赫先生打来电话。我一接电话，就听到他兴奋地说："确实是这样的！"

我们马上开始了共同研究。布洛赫先生在哈佛大学研究室的一角给我准备了办公桌，我每个月去一两次。我在布洛赫先生的研究室充分掌握了氧气等各种物质在维持机体功能过程中的作用的相关生物化学知识。

因浅蓝霉素之缘，野村君去了哈佛大学布洛赫先生的研究室留学。另外，浅蓝霉素作为生物化学的研究试剂，得到了广泛的应用。

后来，我得到了布洛赫先生的推荐，成为美国生物化学与分子生物学学会的名誉会员。那是 1987 年我 52 岁时的事情。作为名誉会员，我是破例地年轻。

在蒂斯勒先生那里除了搞研究之外，我还学会了安排秘书工作的方法。当时是 20 世纪 80 年代。在日本，一提到秘书，想到的多是沏茶倒水之类的工作。但是，蒂斯勒先生的秘书基本掌握了安排预约的决定权。她决定教授是否见面、和谁见面等，犹如教授的化身。

现在，我的秘书铃木阳子确实达到了我在美国所看到的秘书的水平。我缩减了一个助手名额，秘书分担了助手的工作。有人第一次给我打电话，如果她接电话时，对方说"不找你，让教授接电话"，在这种情况下，她一律挂断电话。

她会英语，可以用电脑打论文。她化学专业出身，对化学的事也十分清楚。没有比这再好的条件了。大家渐渐熟知，我"有个能干的秘书"。

家庭聚会

在美国康涅狄格州米德尔顿市的卫斯理大学留学期间，我们很享受美式生活。这个时期我和文子在一起的时间，也是我们婚姻生活中最多的，是回忆中不可缺少的一部分。

文子在街道小学夜间开设的面向移民的英语会话教室学习英语。虽然她英语读写都可以，但不能随心所欲地会话，总有一种不顺畅的不适感。但没过多久，她就掌握了英语日常会话。

文子天生好客，促进了我们与大学的学生、教职员或其家庭之间的交流。因为蒂斯勒先生的妥善安排，我们住的大学教职员宿舍比我们在日本的住宅宽敞、漂亮。文子经常在这里举办家庭聚会，招待学生和化学科的教授们。

辉瑞公司的沃尔特·塞尔默博士有一艘长 20 米的大快艇。塞尔默博士曾和文子一起高兴地乘上快艇，从公司研究基地最近的格罗顿港出海去钓鱼。

她们把粗铁丝绑在米色胶管上当作鱼钩，然后系在几根粗线的一端。用那种简单的钓鱼工具，她们一次也能钓到两三条鲕鱼。文子高兴得像小孩子一样又蹦又跳。

文子立即在快艇上熟练地处理鲕鱼，做成生鱼片带回来，聚会时端上来，大家吃得特别高兴。研究者之间互相招待，生鱼片聚会最受欢迎，包括学生在内，当时有数十人参加了聚会。

有时，连被招待的人都帮忙准备饭菜，而我却悠闲地仰靠在椅子上。大家纳闷地问：“这是怎么回事？”文子回答说：“那是日本男人的习惯，不用管他。”我只是按照日本“男人不应该进厨房”这句话做了而已。不得已，后半部分，我好像也稍微帮了点忙。

我们在美国经历过的家庭聚会，回国后也经常举办。那个年代没有外卖，所以文子都是提前两天就开始做各种准备工作。我们在自己小家里招待过很多从海外邀请来的演讲者。

我邀请的人多数是代表各国的研究者。聚会对建立人际关系非常有用。我之所以有今天，文子的贡献很大。

有一回，我在化学教室刚讲完课，从远处看到一群人以文子为中心好像在做什么。走近一看，原来是文子在教算盘。她从日本邮购来算盘，召集学生、职工等，免费开了讲习班。

至于计算机和文子的心算哪个快，曾经进行过比赛，结果加法、减法、简单的乘除法，文子胜。回到家后，她非常骄傲。还有，她曾说过，在美国超市停电时，她用心算计算出了顾客应支付的金额。我到现在都记得她讲述时的得意表情。

自从买到一辆便宜的中古福特“银河 500”车后，我们经常一起出去兜风。车比较大，还很费油。

福特“银河 500”和文子

文子从此开始开车。文子坐在驾驶座上，从正前方只能看到她的脸，好像小孩子在开车。

她的车也遇到过

事故。她的车停在食品店的停车场上，住在同街的牙科医生撞了她的车，车被拖到修理店修理。据说，那个牙科医生在事故现场拿出名片，说回头他支付修理费。

但是，当修理后向牙科医生索要修理费时，他却说是文子撞的，拒绝支付修理费。这是在美国唯一苦涩的回忆。

在米德尔顿时，我们和蒂斯勒先生全家一直都有交往。贝蒂夫人像疼爱自己的女儿那样疼爱文子，经常在家里招待文子。

那是许多年以后的事，即文子去世时，贝蒂夫人来信写道："文子是我一直想要可上天没有恩赐给我的女儿，我是她的美国母亲。"

我知道优秀的人都有良好的兴趣爱好。贝蒂夫人非常喜欢弹钢琴，她家大客厅里有两架大钢琴。哈佛大学的康拉德·布洛赫先生也喜欢弹钢琴，听说他到蒂斯勒先生家里时，总是和蒂斯勒先生的夫人贝蒂两人联弹。蒂斯勒先生的兴趣是培育兰花。后来听说他把他的大温室捐给大学了。

3 年前（2014 年），贝蒂夫人 104 岁终其天年。记得她 100 岁时我赶去参加了大学给她举办的庆祝会。"智，身体怎么样啊？"她还非常精神地打招呼，身体看上去也结实健康。

我在美国留学的时候，蒂斯勒先生的孩子都已经成人，一位是医师，一位是工程师。2015 年我获得诺贝尔奖时，他们两人曾来信表示祝贺。英语那么差的人还得了诺贝尔奖，估计他们吃了一惊吧。

在美国的生活，除了做研究外，还有一件事印象深刻。那是一个周末，我外出兜风，顺路到了一个古美术馆。老板问："是日本人吗？"我回答："是。"老板委托我把日本画上写的文字译出来。我一共去了三四次。我把作品上的日语全部改写成了罗马字后，老板说："你可以拿走一件喜欢的东西。"我知道有一件作品是浮世绘画家喜多川歌磨的真迹，想要，老板有点不舍，好像心里想着"这孩子真聪明"，但最后还是给我了。

受邀回国与产学共同研究

我和文子都很满意在美国的生活。虽说卫斯理大学客座研究教授的任期是 3 年，但是对方已经找我谈过话，询问："任期满后还会留在美国吧？"

1972 年秋天，我收到北里研究所水之江公英所长写来的一张明信片，内容是："秦藤树教授退休，你能接手研究室吗？"他希望我把留学的时间缩短为 2 年，提前回国。

在这之前，来美国旅行的北里大学的川西康博教授顺道来过卫斯理大学。我对他说道："这里环境好，文子一直说想留在这里，我也觉得可以。"似乎这些话传到所长耳朵里了。

虽然有些为难，但考虑到是赏识我的水之江先生的邀请，我就不能不接受，于是决定回国。文子对在美国的生活非常满意，所以提前回国确实有些遗憾。

问题是，我在日本不可能维持在卫斯理大学的研究水平。首先，研究经费不足。在马克斯·蒂斯勒教授的研究室，我可以使用教授获得的美国国立卫生研究所（NIH）的研究经费。为了回国后也能够获得 NIH 研究经费的支持，我通过友人进行了交涉，但回复说不能。

为此，我想通过大学与企业的产学共同研究，从企业获得研究经费的支持。我分别给百时美施贵宝公司、辉瑞公司、礼来公司、默克集团等打了电话，或去公司约谈等。幸好 1971 年 3 月在全美 1 个月的旅行中我结识了各大企业的部长和研究所所长，所以很容易就联系上了。

由文子驾驶着福特“银河 500”，我们到访各制药公司。有时即使驱车飞驰，也需要 1 天的时间。我一边受邀吃饭，一边与对方谈论共同研究的问题，然后再返回。

我高兴的是，我所提议的共同研究，没有一家企业说“不”，都说可以提供相当于数百万日元的研究经费。我想，这样就可以维持一两年的研究了。

最后，我听从接收我到卫斯理大学留学的马克斯·蒂斯勒教授的建议，决定和他曾担任过研究所所长的美国默克集团合作。他立即给其后任研究所所长的萨雷特博士打了电话。默克集团的工作人员非常亲切地接待了我。其所提供经费的数额也非常大，和其他公司相比，有近 10 倍的差距。

记得最后访问默克集团是寒冬的某一天。日本人的逻辑是，不能把妻子带到工作单位，所以我让文子盖上毛毯在车上等我。

没过一会儿，外面有喧闹声。我心想：“是怎么回事？”听说有一位亚洲女性在车里冻得发抖。我过去一看，是文子。公司人员说："不能这么做啊，赶快请她到楼里面来。"于是，我和文子两个人一起进了公司大楼。

与美国默克集团的交涉是通过研究所所长萨雷特博士和其部下微生物学家伍德拉夫博士进行的。伍德拉夫博士是因链霉素的发现于 1952 年获得诺贝尔生理学或医学奖的塞尔曼·亚伯拉罕·瓦克斯曼教授的学生。

他作为共同研究的协调者，和夫人常年留在东京，这样我们可以频繁地进行交流。他非常了解日本文化，探访过连我都不知道的地方。他也了解日本人的性情，别人话说一半他就理解了，与我非常合得来。我每年年底只给他邮寄一张明信片，但是他会把一年内发生的事情写成一封长信寄给我，直到 2015 年他去世。

默克集团与北里研究所的合同

我最终听从马克斯·蒂斯勒教授的建议，和美国默克集团签订了共同研究的合同。之所以最后签约默克集团，是因为它不仅是美国顶尖的制药公司，而且还如前所述，它提供的研究经费比其他企业多。

我们签订合同并没有委托律师和专业顾问，而是我和伍德拉夫博士等一起拼命地充实合同内容。共同研究的目的是从土壤里的微生物中寻找有用物质，研发动物用抗生素等。

默克集团在 3 年间，每年向我们支付 2000 万日元研究经费，默克集团则获得研究成果专利，拥有独占实施权。对于默克集团不能使用而北里研究所需要的专利，默克集团则放弃权利。如果销售使用了专利的产品，默克集团则要把销售额的百分之几作为专利使用费支付给北里研究所。

专利使用费的具体比例先置于空白状态，当有实际销售额时，再根据双方贡献的大小来确定。销售额为零的情况也是有可能发生的。美国人把我这种手不离词典拟合同的方式命名为“大村方法”。

我想美国以前肯定有过大学和企业之间就各个研究成果和产品签订合同的例子，默克集团也应该有，但是与北里研究所将一定期间内所有研究成果作为对象签订合同的经历，对默克集团来说应该属于首次。

1973 年 1 月回国之前，我基本上汇总了与默克集团交涉的内容。3 月，默克集团的研究所所长萨雷特博士和北里研究所的水之江公英所长在共同研究合同书上签了字。4 月，双方开始正式合作。同时，我接替了秦藤树教授的研究室，开始主持“大村研究室”工作。

我们不是只限于从默克集团获得经费来完成研究，而是要出成果。如果不能真正获得专利使用费，研究便不能继续下去。所以，我头脑里都是如何搞研究的事情，但没有焦灼感、悲壮感。

庆幸的是，文子很快又打起了短工，以教邻近的孩子学习来贴补家用。再加上有了女儿育代，我的家庭生活很充实，可以专心致志地埋头搞研究工作了。

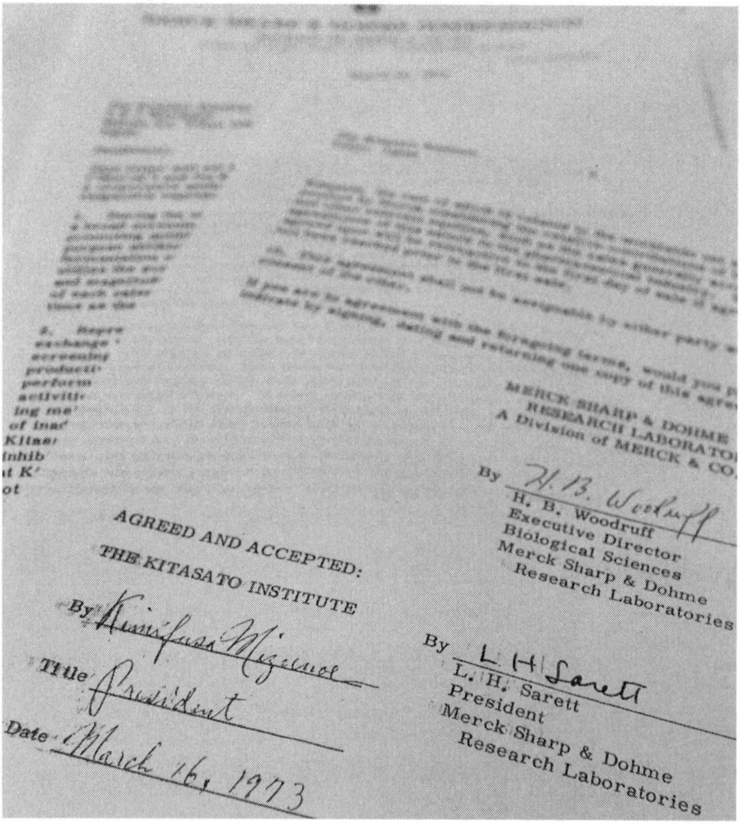

MERCK SHARP & DOHME
RESEARCH LABORATO
A Division of MERCK & CO.

By H. B. Woodruff
H. B. Woodruff
Executive Director
Biological Sciences
Merck Sharp & Dohme
Research Laboratories

AGREED AND ACCEPTED:
THE KITASATO INSTITUTE
By Kimifusa Mizuno
Title President
Date March 16, 1973

By L. H. Sarett
L. H. Sarett
President
Merck Sharp & Dohme
Research Laboratories

北里研究所和美国默克集团的合同书复印件

居移气

没过多久，我们翻盖了已经住习惯的世田谷区濑田五丁目的房子。这样，我们又可以在家里招待外国研究者、举办美式家庭聚会了。直到现在，我的房间里仍珍重地挂着画家铃木信太郎的作品《秋牡丹》，可以多少给生活添些乐趣。

我也有担心的事情。文子在美期间取得了驾照，回国后换成日本驾照就可以开车了。以她的驾驶技术，在家附近的狭窄道路上行驶时，她总提心吊胆。为了满足文子本人还有北里研究所接送我的司机的要求，我决定找一个道路宽阔的地方居住。

早上散步是我的日常功课。1990 年年初的某天早上，我试着比往常走得远一些，于是看到了电线杆上的广告——同是世田谷区的冈本三丁目的房子正在出售。我马上拨打了联系电话。我和文子看过房子后，立刻决定买下。

从那以后，我们在新家至今已经居住近 30 年。我的新家离电车站的距离比原来濑田五丁目的家要远，但是有公交车，而且我对周围的布局和地形很满意。周围有冈本公园民家园以及被大片树木包围的静嘉堂文库美术馆。步行 10 分钟还能到达砧公园，砧公园内有世田谷美术馆。

这里的地形如“冈本”其名，富于起伏，早上散步我有固定的方向。夏天徒步三四十分钟的话，会像运动后一样出汗，最利于保持健康。

我散步时经常顺便参拜冈本八幡宫境内镇守一方的“冈本天满宫”，其标识上写着“学问之神”。但是那里的大谷石台阶已经破破烂烂，走在上面脚下不稳，于是我向神社的总代表申请捐款翻修台阶。现在，翻修的台阶很结实，孩子们也可以安心地来参拜了。

1991 年搬到冈本三丁目新家之前，我也为父母建了新家。韮崎市老宅的房屋一到冬天就有贼风从间隙吹入，我便在老宅旁建造了温暖的新家，让父母搬了进去。

老宅是大正年间的建筑，记忆之一就是用铁锅澡盆洗澡的事。那个铁锅即使到现在，若备好木柴，仍可以使用。但附近有了温泉后，也就不再烧它了。

父母的新居铺有地暖，设有宽敞的走廊。走廊采用无障碍设计，兼顾到紧急状况时可以采取相应措施。为了能够享受四季情趣，我在庭院里配置了水池和盆栽。住处虽然不大，但感觉很舒适。尤其母亲，晚年格外享受庭院里的花草。

父母去世后，这个家成了我在韮崎市的住处。我往返于这个家和东京都冈本三丁目的家之间，基本上各住一半时间。

如上所述，随着人生的每个节点，我依次变换着住处，一直到现在。正如孟子“居移气”所言，家把我的工作、家庭的回忆连在了一起。在各个住处思考过的事情，随着时间的变迁，一路贯连，塑造成现在的我。

第五章 世纪大发现

大环内酯类抗生素

我主持研究室工作后，给研究人员和进修生下达的大方针就是不赶潮流、不跟风。我们对当时迎来鼎盛时期的“beta- 内酰胺类”（青霉素类）、“氨基糖苷类”抗生素的研究一律不插手，工作定位于主要研究、探索新物质。

当时，我的日常工作就是继续研究不太引人关注的大环内酯类抗生素。后来，这方面的研究取得了重大成果。

关于大环内酯类抗生素，我目前已取得的研究成果包括确定了从秦藤树教授那里得到的北里霉素的化学结构，确定了由法国赛诺菲化学与制药企业提供的螺旋霉素的化学结构等。

另外，我对大环内酯类抗生素提示的其他药理学动向也感兴趣。

前面略有提及，我和东洋酿造的研究员共同研发北里霉素的衍生物罗他霉素，和美国礼来公司确定酪氨酸的结构、推进研发其衍生物土霉素，也都取得了成果。

1984 年 1 月，群马大学医学部的伊藤渐教授发现，14 元环大环内酯类抗生素红霉素具有和消化系统肽类激素——胃动素一样的刺激胃肠蠕动的作用。因为我发表过关于大环内酯类抗生素的各种各样的研究论文，所以他建议我，我们共同研究红霉素的作用机理。

我接受了他的建议。

于是，我们以大村研究室的砂冢敏明君为主着手共同搞研究，成功研发出把红霉素中类似胃动素的作用提高数百倍的化合物。我们还明确了这个化合物的立体结构和胃动素的氨基酸相似。我们把具有胃动素活性的一系列化合物称作“胃动素类”，并且判明红霉素的类似胃动素的作用是容易引起小儿腹泻的原因。

我和武田制药工业的共同研究也在推进，即活用红霉素“容易引起腹泻”这个副作用，研发治疗消化不良的新药。但因难以评价确切的效果，研发被迫中止。

我本来对能够把抗生素的副作用作为主要作用研发新药的事情兴致勃勃，但结果非常遗憾。

关于大环内酯类抗生素酪氨酸的研究有了很大的进展。我向美国礼来公司提出建议——通过改变结构以提高活性来研发优良的兽药。该公司以研究者休伯特·柯斯特博士为核心的团队进行了研发并取得了成功。

1989 年，土霉素终于商品化，成为优良的兽药之一。

这项工作取得的技术指导费，对后来创立山梨科学院、设立韮崎大村美术馆等起到了很大的作用。

探寻新化合物

在北里研究所大村研究室，包括学生在内，所有成员都在集中精力探寻微生物。

我们都事先在提包里放着小塑料袋和勺子，可以随时采集土样带回研究室，然后分析研究微生物所产生的物质。学生的学习是从分离所采集的土壤中的微生物开始的。

即使现在，我也随身携带着塑料袋。在获得诺贝尔奖后的记者招待会上，记者让我拿着塑料袋摆了个造型，照了好多张照片，估计有人见过那些照片吧。

不论在自家庭院还是在外出地点，只要觉得有必要，我就随时动手采集土壤。

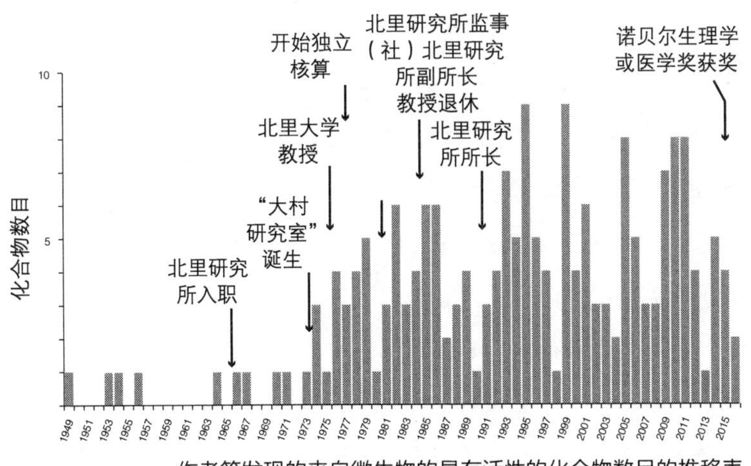

作者等发现的来自微生物的具有活性的化合物数目的推移表

刚入职北里研究所时，我的工作内容是研究尚未确定结构式的已知化合物的结构。但不久之后，我就不满足于仅确定他人所发现的物质结构式的工作。促使我转变的动力来自相邻的研究室。尽管他们拼命寻找微生物产生的新物质，但花了 1 年时间，还是一无所获，学生的论文也无法完成。

看到这种情况，我决定自己寻找新物质。我努力学习了从微生物产生的物质中找到目的化合物的方法。按照新创立的方法寻找新物质，发现率提高了。我专心于“寻物”，而把确定结构式的工作让年轻人去做。

“大村研究室”成立以前，北里研究所基本上两三年发现 1 种新物质，“大村研究室”成立以后，激增到每年发现数种，多的时候达到近 10 种。这种全身心地“寻物”，和后来取得的与美国默克集团共同研究的成功有直接关系，也左右了我的人生。

其实我在去美国卫斯理大学留学之前，就打算中止单纯确定化合物结构的研究工作。我在考虑使用“筛选”的方法，并使用这个方法发现了几种化合物。我的感触是，正因为使用了上述筛选方法，我在美国寻找共同研究合作方时，和美国默克集团的合作才会这么顺利。如果我只会确定化合物结构式，也不会产生和美国默克集团合作的想法吧。

我早上起得很早，7 点到研究室，学生们 9 点到研究室，其间的 2 小时，我一般做自己的工作。学生到了之后，我马上给学生分派各种工作。在北里研究所，和我一样早到的，只有检测患者细胞病理的冈本良三医师。

小的时候因为干农活而起得早，所以我养成了早起的习惯。但在研究所，晚上也要工作到很晚，所以我在家只是吃饭和睡觉而已。

家里日常的事情全部交给了妻子，婚丧嫁娶之事也全部交给了她，她为我营造了专心搞研究的环境。我想，只有一心想和研究者结婚的人才会这样吧。

大村研究室每年都给作为中坚力量的研究者发“鼓励奖”，鼓励他们迸发出干劲儿。我们和三得利公司共同搞研究时，不是想到了诺贝尔奖，而是想到了谐音接近的“喝酒奖”：每年 3 月公布获奖名单，奖励优秀研究者高级威士忌，并提倡不要一个人喝，而要整个研究团队一起喝。

直到现在，研究室还保留着这个奖，选考都由我一人独断。一般情况下，奖励的都是便宜的酒。让年轻同事保持一个好心情也很重要。

我想鼓励青年研究者和学生，这种想法即使自己职务不断变迁，从北里研究所的副所长到所长，再到目前的职务，也始终没有改变。同时，经在北里研究所的理事会上商议，还设立了二宫善基纪念奖、森村丰明会奖励奖、北里柴三郎纪念奖。在研究所之外，接受各学会的邀请，以彰显北里柴三郎先生及其弟子的丰功伟绩为目的，还分别设立了志贺洁・秦佐八郎纪念奖（日本化学疗法学会）、小林六造纪念奖（日本细菌学会）、北里柴三郎纪念学术奖励奖（日本感染症学会）及日本放线菌学会奖，以表彰各个学会相关的研究者。上述费用都由北里研究所获得的专利费为原始资金的基金支付，一直持续到现在。

做这些都是为了继承并发扬光大北里柴三郎先生在日本学会奖中设立浅川奖（日本细菌学会）的精神。

筛　选

我们的研究室，先采集土壤，从中寻找出各种微生物生产的物质，再从这些物质中找到如对高血压有效的药物、溶解阻塞血管的血栓药物等。我把这种工作叫作“筛选”（探索研究）。我不断探索他人没用过的筛选方法，也采用过逆向思维的方法。

从前，主流方法是首先考虑物质是否具有抑制病原菌的作用或者阻碍酶功能的活性，再找到具有那种作用或活性的物质。我把顺序颠倒过来，先找到化合物，然后再研究其作用和活性。这种做法的灵感来源于我认为微生物不会生产没用的物质。其他研究者按照主流方法操作，即使后来发现了具有相同活性的物质，可在这之前，我们已经明确了这些物质的化学结构，若对方先获得专利，我们容易主张权利。

我们使用这种方法发现的化合物的代表之一就是蛋白激酶抑制剂星孢菌素。我们从土壤的放线菌中找到了它，确定了它的结构后，再研究它各种各样的活性。直到现在，星孢菌素仍是在全球使用得最广泛的生物化学试剂，生物化学和分子生物学领域的研究者无人不知。

1977 年我们发现星孢菌素时并没有得到关注，但是 9 年后，协和发酵工业（现协和发酵麒麟）的研究团队发现，星孢菌素具有抑制细胞内非常重要的蛋白质磷酸化反应中必不可少的酶的作用。

自此以后，随着研究的进展，治疗慢性骨髓性白血病的新药格列卫诞生了，其作用主要是抑制与癌细胞增殖相关的酪氨酸激酶。现在，这种药作为高效、不易产生副作用的首个真正的分子靶向药而闻名。

我们还采用了从动物细胞中寻找新物质的方法。印象深刻的是从小鼠神经芽细胞肿物即神经癌细胞中发现的物质。我们寻找促进神经突生长的物质，最终找到了生物活性物质乳胞素。

为了做进一步的研究，我们把标本寄给美国哈佛大学的研究团队。他们发现，乳胞素具有抑制蛋白酶体的功能。1990 年诺贝尔化学奖获得者、哈佛大学的伊莱亚斯·詹姆斯·科里成功合成了蛋白酶体抑制剂乳胞素。具有这种活性的本体被命名为“大村系列”。用人名命名化合物很少见，我倍感光荣。

虽然这不是我的研究成果，但我一样高兴。蛋白酶体能分解促进癌细胞死亡的蛋白质。蛋白酶体抑制剂乳胞素有可能作为抗癌药使用。实际上，正是基于此，治疗多发性骨髓瘤等的药物硼替佐米被制造出来了。

关于记忆中的放线菌，我想谈谈我自世田谷区濑田（从 1967 年开始，我在那里居住了 20 年）的土壤里分离出的新种属微生物。

我们于 1981 年发表论文，把这种菌命名为“世田北里孢菌”。随后，我们把用其制造的抗生素命名为“世田霉素”。

德国研究团队发表的论文把他们发现的同样物质命名为“巴佛洛霉素”，但我们的论文早发表 3 年，故最后决定使用“世田霉素”这个名称。随后判明，这种物质是与医药品开发等密切相关的 V 型 ATP 酶的特异抑制剂。它在研究领域逐渐被广泛使用。

我把所发现的化合物接连不断地提供给其他研究者，有时，我的研究思路也被模仿。

在研究中，有些问题也会让诺贝尔奖级别的研究者苦思冥想。我在读英文杂志《自然》中某研究者的论文时，想到如果他使用我持有的化合物，马上就能够证明他的结论，于是我写信告诉了他。他回信说感兴趣，我们共同研究吧，于是我寄去了样品。

对方再次请求给予样品，我又寄去了样品，可最终发表的论文中没有我的名字。我发出抗议信，对方却无情地回答：“博士后干的事，我不知道。”

这种缺乏道德观念的事情还有几起，我打算回头什么时候写篇随笔，便汇总后放在文件夹里了。

当时年轻气盛，遇到这类事会火冒三丈。最近自己已被大家认可，想着如果再有类似的事情发生，我也会忍耐的。

KMC 研讨会

从美国卫斯理大学回国后，我不仅要思考研究本身，还要思考如何使大村研究室的研究置于美国同等水平。

若只在日本发表几篇论文都不值得一提，因为很明显，达不到世界水平。若不到美国留学，确实无法切身感受到美国的研究状况——设备条件好，还有各种人才。

在美国可以遇见超一流的学者，会增强自信。这样以后不管对方是多大的人物，都不会害怕、发怵。我想让年轻的研究者有同样的体验，为此，我必须创造机会，让年轻学者可以经常和世界顶级水平的学者接触。

在卫斯理大学，马克斯・蒂斯勒教授经常召开“彼得・安东尼・雷马杰”专题研讨会。雷马杰是蒂斯勒先生非常看重的年轻学者，1971 年因交通事故去世。在其去世的第 2 年即 1972 年，蒂斯勒教授开始召开以雷马杰名字命名的专题讨论会。

因此，诺贝尔奖级别的研究者接连不断地来这里演讲，如有 1965 年因有机合成方面的杰出贡献而获得诺贝尔化学奖的罗伯特・伯恩斯・伍德沃德教授（已故）、利用微生物研究维生素 B12 合成机理而闻名的埃安・斯科特教授（已故）等。

我一定要在日本也举办这样的专题讨论会。我 1975 年成为教授后开始举办“北里微生物化学研讨会”（kitasato microbial chemistry，KMC）。30 年间，面向年轻学者，一共举办了 500 场讲座，三分之一的演讲者是外国学者。

我们给优秀的演讲者颁发奖章。因为研究水平高，大家开始认为“能够到大村那里演讲是一种荣誉”，故聚拢了许多优秀的研究者。也有人在自己的履历中写上“获得 KMC 奖章”。

在 1990 年即蒂斯勒先生去世的第 2 年，我开始邀请国内外一流研究者举办“马克斯 · 蒂斯勒纪念演讲会”，每两年举办一次。2008 年，我的继任者砂冢敏明君开始将其更名为“蒂斯勒 · 大村专题讨论会”，持续至今。我招待国外学者的家庭聚会也让学生们参加，以加深交流。

让时间倒流一下。

1977 年 7 月，大村研究室刚步入正轨时，北里研究所研究部部长把我叫去，转达理事会上的决定，要关闭大村研究室。

他们说，我可以在我做教授的药学部继续搞研究，但大村研究室的另外 5 人得重新找工作。这件事如晴天霹雳。我考虑了一晚上，决定用独立核算的方式保留下大村研究室，于是向北里善次郎所长提出申请。药学部的设备不能满足我想进行的研究，一旦关闭研究室，我的研究工作将很难持续下去。

备忘录内容为：不仅必要的研究耗材，连博士后和工作人员的劳务费也全部自己筹措，还要把从外界筹集到的研究经费的 12%、当时约 800 万 ~ 900 万日元作为房屋使用费支付给研究所。我想以此方式努力做 10 年研究工作，便与所长交换了备忘录。

虽然和美国默克集团签订了共同研究的合同，但因为在取得专利前得不到专利使用费，所以我到处筹集研究经费。

暂且不与美国默克集团所给的金额相比，我决定先和旭化成、山之内制药（现安斯泰来制药集团）、协和发酵工业等国内七八家企业进行项目共同研究，以得到支援。

与美国默克集团共同研究的话题一度中断。随后，我还从八木泽行正先生介绍的美国辉瑞公司、礼来公司等 4 家公司得到了研究经费。

我愿意前往企业和他们谈论自己想干的有趣的事和自己的梦想。因研究顺利，我们接连不断地找到了对牛的皮肤病等有效的七尾霉素等抗生素。

虽说如此，我也做过因没有资金而面临困境的梦，梦见一到研究室，看到大家都坐着发呆不干活，一问，说没钱买必要的实验耗材。这时我一下子就惊醒了。定神一想，已经准备了充足的研究经费，持续研究下去没问题，这才放下心来。这样的梦，我曾经做过两次。

某天，我正走在校园里，被后来成为药学部部长的恩田政行教授叫住。我和恩田教授有交往，曾一起做过研究。他也是我成为教授的推荐人。

恩田教授问我："大村君，据说北里有'三大奇人'，你能给我列出名字来吗？"我想了想，当场说中了两个人的名字。

但是第 3 个人，我怎么也想不出来。恩田先生说："就是你啊！"或许我从美国回国后蓄了胡须是原因之一，但是好像不参与大学争端并和企业共同搞研究这件事也不一般吧。

即使被这样议论，也没有影响到我。我的想法就是，为了寻找、开发有用的化合物，我必须和企业共同搞研究。

阿维菌素

我在和美国默克集团签订合同之前，数次到访过这家企业，见过他们寻找微生物团队的工作状态。大家边聊着天、笑着边工作，我觉得这样马马虎虎地工作不行。

各种微生物的“外形”都不一样。如果仅仅挑选微生物，简单地从最大的菌落中筛选就可以。但若想找到最好的、新的物质，就必须准确掌握微生物的颜色、形态等特征。我感觉美国默克集团的研究人员没有“找到最好的新的物质”的想法，而我的团队有，所以我的团队可以做得更好。

美国默克集团的伍德拉夫博士访问北里研究所时，看到我们认真地比较菌落、拼命地寻找微生物、严格地进行分类的情景，应该也有同感吧。

伍德拉夫博士是土壤微生物学大家，也是诺贝尔生理学或医学奖获得者赛尔曼·瓦克斯曼的得意弟子。他说我们发现的微生物种类丰富，非常有意思。我们马上按照既定目标展开工作。

关注到这些微生物后，为了扩大共同研究的项目，伍德拉夫博士建议我们把发现的微生物邮寄到美国默克集团，对方负担材料和运输的费用。

我们采集的标本是距离土壤表层 10 ~ 20 厘米的放线菌。在太表浅的地方是霉菌，而再深的地方，不同类型的细菌就会多起来。介于两者之间，正好能够采集到放线菌。

我接受了伍德拉夫博士扩大研究项目的建议，1974 年首先给美国默克集团邮寄了 50 种放线菌株。我们用各种方法研究分离出的放线菌的性质和特征，邮寄有希望的菌株。

在和美国默克集团的共同研究中，我的部下、2012 年去世的大岩留意子君负责放线菌的分离和邮寄工作。

收到菌株后致力于实验研究的是当年在美国默克集团工作的威廉·坎贝尔博士的团队。2015 年，威廉·坎贝尔博士和我同时获得诺贝尔生理学或医学奖。他们使用的是通过小鼠经口感染线虫来评价药效的方法。

美国默克集团先把我们邮寄去的菌株进行培养，然后把培养液混在小鼠的饲料中喂养 6 天，再用普通饲料喂养 8 天。两周后对小鼠进行解剖、检查，逐个计数位于小肠上的线虫卵、成虫。这是一项费力惊人的工作。

到了 1975 年，美国默克集团联络说，送来的菌株中有一株，即从静冈县伊东市川奈土壤中分离出的菌株，可以产生杀死线虫的物质。这个物质正是与 2015 年获得诺贝尔奖密切相关的“阿维菌素”。

不过最初也有些问题，就是这个菌株产生的物质不仅对线虫有毒性，而且对小鼠本身也有毒性。研究团队重新分析数据，明确了它也产生另外一种物质，叫“寡霉素”。寡霉素是导致小鼠毒性的原因。

发现阿维菌素和稍微改变其化学结构的衍生物伊维菌素都是幸运的事。

一般情况下，如果药物注射有效的话，一旦改为口服就无效了，因为给药方法不同，会造成药物有效或无效。但是阿维菌素不管注射、口服还是皮肤外用，都有效。我们把具有这样性质的衍生物统称为“体内外杀虫剂”。

威廉·坎贝尔博士说：“如果不是和大村教授合作，就不会发现阿维菌素。”我也怀疑，如果不是和美国默克集团一起研究，能否走到现在。可以说，这正是大学和企业合作的成功的例子。

新药获批

1978 年，美国默克集团完成了放线菌产生的消灭寄生虫的药物阿维菌素专利的申请，于第二年即 1979 年在乔治亚州召开的国际会议上进行了专利发布，相关论文刊登在抗生素专业杂志上。

从最初的实验发现到有可能作为抗寄生虫药物使用，其间经历了近 5 年的时间。

我把这种物质称为“阿维菌素”，也有人称作“阿巴美丁”。

当初，生产这种物质的放线菌称作“阿佛曼链霉菌”，后来，根据高桥洋子团队的分类学研究，改称为“阿维链霉菌”。

当时，若这种药被模仿则前功尽弃，所以在该药获得专利之前，我们认真收集了数据，但没有发表。我们一方面继续确认阿维菌素能安全、有效地驱除寄生虫，另一方面继续做着工业量产等实验，以期万全。

美国默克集团的化学家们对阿维菌素的化学结构进行了部分

人工改良，制造出了能提高杀虫效果的伊维菌素。1981 年，美国默克集团将伊维菌素商品化而作为兽药开始销售。

他们用野外散养的、消化系统中有各种线虫寄生的 24 头牛做实验（24 头牛被分为两组，实验组和对照组。——编者）。他们对实验组 12 头牛一次性皮下注射伊维菌素 200μg/kg（1μg 即一百万分之一克），结果发现，未进行任何处理的对照组牛身上仍有数万寄生虫存活，而实验组牛身上的寄生虫则骤减为数百个以下。在报告会上，大家都半信半疑："是真的吗？"出现了戏剧性的效果。

在加拿大牧场，给因患蜱螨病而皮肤干巴巴的牛进行同样的皮下注射，一个月后，牛的皮肤病完全治愈，体内的寄生虫也消失了。当初没想到，伊维菌素连对节肢动物蜱螨也都有效。这样一来，伊维菌素就对畜牧业、皮革产业都做出了巨大贡献。

对连心脏都有丝虫寄生的犬来说，仅在发现蚊（为线虫的媒介）期间投药，就可以延长寿命近两倍。

美国默克集团在销售作为动物药的伊维菌素的同时，也在研发治疗热带地区人们患寄生虫病的药物。1981—1982 年，该集团的穆罕默德·阿齐兹博士的团队开始使用伊维菌素对称为"河盲症"的盘尾丝虫病进行临床治疗。

盘尾丝虫病是由媒介蚋类的线虫引起的。在人体内寄生的雌性线虫，每天产生千个幼虫，广泛分布在人体内，其尸骸可以导致皮肤奇痒，有时还会引起失明。世界卫生组织（WHO）呼吁制药公司研发针对这种病的有效药。

一次投药伊维菌素，一个月后寄生于眼睛、皮肤的线虫即消失了。

伊维菌素对治疗以蚊虫为媒介的淋巴丝虫病（象皮病）也非常有效。我们商讨，为了找到高效生产有效成分的方法、研发治疗药物等，继续共同搞研究。1987 年，美国默克集团从法国的审查机关获批新药（商品名称“异凡曼霉素，Mectizan”）许可证。

在全世界，有超过 12000 万人面临着感染盘尾丝虫病的危险。

世界卫生组织倡导开展彻底消灭发展中国家盘尾丝虫病运动（简称 OCP），美国默克集团发表声明，要无偿捐赠异凡曼霉素。这是当时美国默克集团研究部门的决策者、后来升为会长兼最高经营者（CEO）的罗伊·瓦杰洛斯决定的，但我们事先并不知道这事。我们给对方发函说“擅自决定不恰当”，瓦杰洛斯立刻亲自来日本取事后请求批准书。我们表达了自己的想法，即无偿捐赠的宗旨是好的，但最好声明一下，让大家知道，是和日本北里研究所一起在努力。但是他们只在专业杂志上刊登了一次小篇幅的报道，以后就再也不提北里的名字。

美国默克集团和日本北里研究所无偿捐赠伊维菌素，是开展消灭盘尾丝虫病、淋巴丝虫病作战的重要一环，一年有 23000 多万人服药。这是无偿捐赠，到目前为止，估算累计金额约 4000 亿日元。

专利谈判

在美国默克集团着手准备销售以阿维菌素为主的兽药时，我开始和他们交涉具体的专利使用费金额。美国默克集团提议用3亿日元买断所有权利。在当时，这个数目可以说是到我教授退休之前什么也不用担心、安心做科研的金额。

北里研究所主管的理事劝道："最好要3亿日元。"但是，我主张用从美国默克集团的营业额中拿出一定比例的金额作为专利使用费支付给北里研究所的方式，这点不能妥协。并不是有什么特别的理由，只是那个时候不急着用钱。

再加上，从阿维菌素的活性等数据分析看，我猜未来的若干年中得到的金额应该超过3亿日元。我心想，不用着急，最好等待销售额的增长。结果被猜中。

我们和美国默克集团的合同上，不只有阿维菌素这一项专利使用费，还包括我们发现的放线菌阿弗曼链霉菌（后改称"阿维链霉菌"。——编者）生产的所有相关物质的专利使用费。事先也已谈妥，美国默克集团对化学结构稍微改造生产的衍生物的专利使用费也要归北里研究所。

庆幸的是，直到2003年，一直都有专利使用费的收入。自1979年获得阿维菌素的专利之后，专利给我带来了20年以上的收入。连我自己都认为，当年的判断很英明。

阿维菌素改良后的衍生物伊维菌素在兽药市场上，营业额连续20年占世界第一位，在美国默克集团所有商品中占第二位，和人体用医药品加起来，到现在总营业额超过 3 兆日元。我们获得专利使用费的总额达到了 200 多亿日元。当初没有签订 3 亿日元的合同真是太好啦！

基于世界卫生组织无偿供给的项目，对发展中国家提供治疗热带盘尾丝虫病（河盲症）、淋巴丝虫病的药物异凡曼霉素，正在普及每年只需投药 1 次的特效药。其服药人数如前所述，有 23000 多万人。

据某些研究者估算，北里研究所相当于贡献了 30 亿日元。

2004 年，我访问了免费发放药物的国家之一——加纳。一进入加纳的阿兹班德部落，我就看到那里聚集了许多被孩子牵着手、拄拐杖走来的人，都是因盘尾丝虫病失明的人。

访问加纳时和孩子们在一起

因异凡曼霉素的药物效果，我听到有人高兴地说："脚不痒了。"

另一个说："我眼睛看不见了，可孩子们服用了异凡曼霉素，阻止了这种疾病的传播。"

这些话使我终生难忘。

我顺路访问了学校。翻译介绍说，我是日本的研究者，孩子们都没有反应过来。但是我通过翻译一问孩子们："知道异凡曼霉素吗？"大家异口同声地说："异凡曼霉素！"我亲身感受到了这个药的影响力。

世界卫生组织等当时推测，淋巴丝虫病、盘尾丝虫病将分别于2020年、2025年被消灭。但多数情况下，不管多么优良的抗生素，都会产生耐药菌。我担心如果出现对异凡曼霉素耐药的线虫，疾病就难以被消灭了。幸运的是，到目前为止这种事情还没有发生。

在日本，伊维菌素对于人患有的粪线虫病、螨等寄生虫引起的疥癣也有效，已经用于临床。有论文报道，其对疟疾、结核、黑热病也有效。看来，这种药物有广泛使用的可能性。

我可以肯定地说，产生阿维菌素和伊维菌素原始物质的阿维链霉菌，到目前为止，在有数的放线菌中，是最努力工作的菌之一。

广泛的共同研究

除阿维菌素之外，我们通过和美国默克集团的共同研究，还发现了很多化合物。

其中之一，就是在前面已经提到过的世田霉素。它具有阻碍调解细胞内小器官溶酶体酸碱度的“ATP 酶”作用的活性。它广泛用于生物化学研究领域，是对其研究的进展起着重要作用的物质。

生产世田霉素的放线菌，是从我常年居住的世田谷区濑田的土壤中分离出来的。大村研究室微生物组的高桥洋子君通过研究阐明，该放线菌是个新属、新种，于是我们将其命名为“世田北里孢菌属 KM 6054”。

从那以后，研究室内外研究者通过共同的研究，发现了生产各种化合物的世田北里孢菌属的新种。在放线菌中，该菌属到现在仍占有重要地位。

我想大家已经注意到了，“世田北里孢菌属”的属名、种名以及其生产的化合物名，都来源于北里研究所和世田谷区濑田。高桥君因这个放线菌的发现以及随后的研究而为世人所知。

在和美国默克集团搞共同研究的同时，我们也继续搞独立的研究，还做培养研究者、准备资金、制定目标等工作，也和北里研究所创药组共同推进微生物产出的代谢物的研究工作。

我们从化学结构方面，也从生物活性方面，发现了特异化合物 180 种，从成分数来讲，则为 500 多种新型化合物。其中 26 种化合物作为人类医药、兽药或者研究用试剂，得到了广泛的应用。

我们在对这些微生物代谢产物进行研究的过程中，发现了新科 1 个、新属 12 个、新种 42 个。我们还全合成了令全世界研究者都感兴趣的 100 多种化合物，对有机合成化学的发展做出了贡献。

补充：

下面的内容有些专业。与微生物代谢产物有关、能够开辟新领域的主要研究成果总结如下：

（1）阐明了以北里霉素为代表的16元环大环内酯类抗生素在结构上的关联，为今后大环内酯类抗生素的研究打下了基础。

（2）发现了浅蓝霉素，与野村节三先生共同研究其作用机制，明确其为第一个脂肪酸生物合成的阻断剂（1967年）。它是美国默克集团研发抑制剂的前体物质。

（3）研究抗生素耐药菌的前体物质，对不活化酶阻断剂进行研究（1972年）。1974年，英国葛兰素史克公司发现青霉素酶抑制剂克拉维酸，并实用化。

（4）从20世纪60年代后半期开始着手探索微生物生物碱及微生物代谢产物库存化的前体物质（1973年），相继发现星孢菌素、Dityromycin、Herquline。

在上述微生物代谢产物库存中找到了在溶酶体内抑制蛋白质合成中起移位酶（EF-G）作用的最初物质Dityromycin（1977年）。

（5）建立星孢菌素与第一个分子靶向抗癌药"格列卫"开发的联系（1977年）。星孢菌素成为研究有关细胞信息传递的常用试剂。

（6）研发杂交抗生素嵌合霉素，紧接着和霍普伍德教授共同研究，在世界上通过基因转换，创造第一个非天然抗生素麦迪紫红素（1985年）。

（7）与群马大学医学部伊藤渐教授共同研究红霉素的副作用，发现这个物质的衍生物是消化系统肽类激素胃动素的非肽类激动剂，并将其命名为“胃动素类”（1987 年）。

（8）率先使用动物细胞探索生物活性物质，最早发现蛋白酶体抑制剂乳胞素（1991 年）。它为美国加利福尼亚大学旧金山分校的阿夫拉姆·赫什科教授（获得 2004 年诺贝尔化学奖）以及日本东京都医学综合研究所理事长田中启二博士（获得日本学士院奖）等为首的国内外许多研究者所使用，对阐明蛋白质分解机理做出了很大贡献。

（9）提倡不拘泥于以往抗生素抗感染症药物的概念，发现了和多数细菌病原性有关的 Type Ⅲ抑制剂（2008 年）。

（10）发现了抑制酰基辅酶 A- 胆固醇酰基转移酶 -2 活性的物质吡啶并戊二烯，发现其衍生物 P1801 双丙环虫酯具有很好的选择性抗昆虫作用，与明治制果药业株式会社共同研发成功农药（商品名 Inscalis®）（2017 年）。

（11）作为世界领先性的研究，对灰色链霉菌（对工业有用）进行全基因谱分析，对其二次代谢产物的研究产生了很大影响，使该领域研究有了飞跃性的发展（2001 年）。

（12）通过对微生物代谢产物的探索研究，发现了很多新放线菌和霉菌。

（13）致力于实用的、感兴趣的代谢产物合成，成功全合成数个化合物。

（14）到目前为止（2017 年。——编者），实际用于人类、动物或农业的抗生素，有如下 7 种：

北里霉素（1968 年）

七尾霉素（1974 年）

阿维菌素（1979 年）

伊维菌素（1979 年）

罗他霉素（1981 年）

土霉素（1982 年）

双丙环虫酯（2017 年）

第六章 研究经营

从北里研究所监事到副所长

我刚入职北里研究所时被分配到秦藤树先生研究室（秦研究室）工作，研究结核杆菌的水之江公英先生的研究室就在隔壁，山梨大学工学部发酵生产学科毕业的熊泽义雄君在水之江先生的手下工作，因这层关系，水之江先生对和熊泽义雄君同一个大学毕业的我也很亲切。

水之江先生不久便成为所长。我印象最深的是他和疫苗生产部门的工会组织交涉时的辛苦。后来我不断得到先生的抬爱，推荐我从研究所职员、大学教授升至研究所监事。

1962 年，作为北里研究所成立 50 周年纪念项目，开设了学校法人北里学园，其下有北里大学。水之江先生任所长时，创立大学相关的社员和坚守研究所本身的社员之间有不同的想法，最后大家没有谈拢。

这对所长选举也投下了阴影。因为水之江先生坚守研究所，因而和重视大学的人之间的关系不能完全协调，不得不卸任所长职务。随后，短时间内有三任所长交替，依次为北里善次郎、秦藤树、吉冈勇雄。

1981年，吉冈所长在任，我成为研究所监事。

北里大学成立之初只有公共卫生学部，后来成立了药学部、畜产（现兽医）学部、医学部、北里大学医学中心等。研究所负担了建立大学必要的大部分经费，也为大学捐赠了土地、建筑物。研究所还负担还款任务。理事会之所以要求关闭大村研究室，就是因为那些事情。

多数研究者都兼任了大学的工作，研究所实体基本处于消失的状态。这样可不行，于是我想建立一个不输给大学的研究所。我不能成为默默地听理事会的报告、只会盖章的监事。这么一想，我就决定详细调查研究所的经营状况。

虽然当时“研究经营”一词很流行，但我经常使用的则是“经营研究”一词，其中包括研究的想法、为此投入的资金、人才的培养、取得的成果回馈社会等四要素，这对北里研究所的运营是非常重要的。

对于经营和财务我完全是个外行，便查找了专业书，但还是不太明白，于是想跟谁一对一地学习。和妻子一商量，她咨询了日本女子经济短期大学（现嘉悦大学）的恩师，恩师介绍了已经出版多本税务相关书籍的井上隆司先生。我们每月在新宿小田急百货店的饭馆见一次面。他一边吃饭一边教我，从各种财务报表的用法等基础知识教起。

北里研究所的外部监事中有一位二宫善基先生。他做过日本兴业银行（现瑞穗银行）副总裁，现任东洋曹达工业（现东曹）会长。

我到二宫先生的公司打扰他，与他谈论研究所的经营情况后才懂得，仅靠在大学掌握的知识理解不了经营的残酷性。

我也向同样是研究所监事、时任东京海上火灾保险（现东京海上日动火灾保险）社长的渡边文夫先生请教各种各样的问题，再加上自己努力学习，向理事会要求“希望拿出北里研究所的各种财务报表”，准备仔细地进行调查。

当时大家都认为我疯了，但是他们也都明白，研究所的借款金额远远高于金融资产余额，已经处于倒闭也不奇怪的状态。

唯一有收入来源的疫苗生产部门，不仅建筑物，连带收益也都捐赠给了大学。根据疫苗库存量，看上去有盈余，但是，7 名理事中，知道这种情况的只有我一人。

北里柴三郎先生创立的北里研究所医院，1954 年在港区白金建的大半建筑物也都捐赠给了大学。建筑物已经老化，不便使用。在翻新北里研究所的同时，我也想着对这所医院做点什么。1982 年 8 月，在理事会的现场，我向吉冈勇雄所长提交了《关于北里研究所新医院建设的提案》。

我在提案中写道：“北里研究所的繁荣对于北里大学来说也很重要，两者独立健全的运营是整个北里相辅相成的发展之路……北里研究所眼看着日益衰退，为了重振事业，有必要制订新的事业发展计划。”要重建研究所医院，因校园内土地狭窄，为确保用地，提案建议在其他地方建设第二医院。

为了做好这些事情，我有必要作为管理者干下去。于是，我决定辞去大学教授一职，一心当研究所副所长。

破釜沉舟

对于我所追求的改革，我感觉到北里研究所理事会的态度是：“这样那样地说了那么多，让他当副所长试试。”他们估计我到最后什么也干不成吧。

曾担任过所长的水之江公英先生再次上任，我经先生提名，决定作为副所长在其手下工作。自荐行政职务的做法，我至今只有这一次。

1984 年，我成为副所长。我真的辞去了大学教授一职，这让大家吃了一惊。只要能堵住“那个家伙干不下去的话，会立刻回大学吧”那句话，就可以不用再理会任何风言风语，这么一想，我就主动断了退路。

我的工资一下子降了下来。一直想成为研究者的妻子而和我结婚的文子也反对：“好不容易成了教授，管理者什么的就别干了吧。”我以前和文子有过约定——“以后不管干什么，绝对不离开科研”。我说，可以在北里研究所，用从企业获得的研究经费，采用独立核算的方法，继续进行目前的科研，最终得到了她的理解。

我在笔记本上记下了当时的心情，写道：“从今以后考虑未来前途时，与继续当大学教授相比，倒是可以做重振研究所这样的大事。”

对于日本来说，北里研究所是至宝。留住研究所这件事，远比我在大学里经营自己的小研究室重要得多。

在重建医院和疫苗生产部门的基础上建新医院，需要花费大量的精力。北里研究所是社团法人，所以必须得到每个社员的认

港区白金校区的北里研究所，后面是医院（1980 年代）

可，工作才能推进。社员中高龄、顽固的先生多，得到他们的认可是一件非常不容易的事情。

当时我想起一句话，就是前面介绍过的山梨大学原校长安达祯先生说的——“什么事情都要拿到千张草席的正中央做”。所以，我决定把至今隐藏的研究所的实情，制成通俗易懂的资料，全部公开。

疫苗生产部门的产品，有低于半价销售的，把亏损的真实情况摆在眼前——“这确实太糟糕啦”，理解的人多了起来。

我们首先削减生产部门的人员。这么做并不是解雇谁，而是有人辞职后，不再补充新人。麻疹、流感等每种疫苗，以前分别都有专人负责，但是到了淡季，他们只有扫卫生之类的工作可做。

现在让一个人承担两三种工作，这样，保留原来三分之二的人员就够用了，而且还可以维持营业额。

外部专家根据调查，认为我们应该更换医院院长。新院长候选人提名的是外科部长河村荣二先生。他是一位认真、热心、耿直的运动健将，有率领登山队成功登上喀喇昆仑山山脉的业绩。

谁也没有想到提名河村先生做候选人，所以医院相关人员都反对。我一个个去做工作，得到了大家的理解。

河村先生成为院长后，早上比谁来得都早，下午比谁走得都晚。我也委托过他，在医院内到处转转看看，尽力掌握医院的情况。

我的座右铭是“实践躬行”，即不光嘴上说，还要实践。河村先生真的这样做了。于是大家都跟着“我也要好好干吧”，不是到了下班时间，即使有病人也要回家，而是直到把病人都看完才回家。多接诊一个病人，就会增加一份收入。研究所慢慢扭转了亏损经营的局面。

建造北里大学医学中心

因为北里研究所的改革出了一个个成果，所以认为我是狂妄的年轻人而反对我的人也认为，“不得不听大村的话”，我的处境有了变化。这时，我们从美国默克集团开始获得专利费，这件事也起到了加分作用。

但是，接受研究所捐款的大学方面，有些人不满意，认为到目前为止，还未收到预期的金额。在我副所长连任选举之际，他们曾策划过让我落选的事。在全体职工大会上，如果再有 1 票反对我就被拿下了。

在支持我的人当中，有人“希望大村当所长”。但这次，在医院院长河村荣二先生那里流传着“如果大村当了所长，你好像得从院长岗位上退下来”等谣言。

当然会有朋友把这些消息告诉我，其中一人是社员中濑安清教授，他始终支持我的工作。

最后，北里研究所的所长是水之江公英，副所长是我，我们两人组合工作了 6 年。水之江先生总说：“你只管按照自己的想法去做，如果有错误，我来负责。”

我想对位于港区白金校区、狭小的破旧得地板都起鼓包的医院做点什么。我还想把北里柴三郎开设的医院完整地保留下来，但那样就没有新建场地了。

为此，我们制定了搬迁白金校区的疫苗生产厂、利用那块空出来的场地搞建设的策略。常出入研究所的建筑公司的销售人员告诉我，埼玉县北本市有一处很好的搬迁候选地。

当时，一位友人正在用直升机寻找高尔夫球场用地，让我一起乘坐直升机。从空中一看，那片地被绿色环绕，是一个好地方，我一眼就看中了。

那片地是农林省（现农林水产省）农业试验场耕作部的空地，有 9 万坪。那片地规定用于大学、医院或研究设施等的建设。因为不允许只建设疫苗生产厂，所以我们定位于建设医院，而把疫苗的研究生产厂作为附属设施。

为了取得土地，虽然与大藏省（现财务省）的交涉十分艰难，但说明是要发展世界著名的北里研究所的事业，庆幸的是，最终得到了政府的理解。

但是，当地医师协会担心会吸引走患者，决定阻止医院的建设。经过几十次谈判，有时都快要谈拢的时候，又出现了反复。他们对计划一个接一个地刁难，即使我们说明新医院要和当地的医师诊所使用“联合诊治”的方法，也不行。

看来计划要推迟。妻子文子不知从哪里知道北里大学毕业生大久保（旧姓林）道子的母亲住在北本市，她们共同努力发起了要求建设医院的签名运动。网络真厉害，她们共收集到了25000人的签名，当地医师协会终于让步了。

医院的规模定位于开设600张病床，但附加条件是先开设200张，以后得到医师协会的许可才能再增加病床。但这样经营，会亏损。最后交涉的结果是，建造440张病床的医院，从200张病床开始运营。

北里大学医学中心于1987年9月3日开工，1989年4月开院。我记忆中的投资规模是土地费50亿～60亿日元、建筑费80亿日元左右，不足部分用从美国默克集团得到的专利使用费来补充。从美国默克集团得到的收入，多的时候，一年有16亿日元左右。

随后，再加上卖掉研究所位于千叶县柏市和东京都目黑区持有土地的收入，疫苗的研究生产厂于1993年竣工，第二年（1994

年)，北里护理专科学校（现北里大学护理专科学校）竣工。当时，我确实想建立大学院（即研究生院）大学，但那时还没有相应的制度，未能得到理解。

有人把专利费用于研究，但用于建造医院，我应该是第一人吧。2002 年，增建的医院北区竣工，完成了我建造 440 张病床医院的心愿。

研究所与学园合并

1984 年就任研究所副所长以来，我一方面推进医院及疫苗生产部门的经营改革；另一方面，经过讨论，成立了以青年研究者为主的研究所未来计划委员会。

我委托东洋医学综合研究所的药剂部部长山田阳城君为委员长，汇总研究所未来计划委员会讨论的结果。我们把将来和学校法人北里学园整合的工作，也纳入了日程。

1990 年是北里大学医学中心开诊的第二年，我就任研究所理事、所长，委托北里研究所医院的河村荣二院长为副所长，一起推进翻建白金校区医院的工作。

我们翻建研究所医院需要征得北里学园的同意。学园方小林凡郎先生等两人、研究所方我和河村先生两人，多次召开“四人会议”，统一计划，为了逐条征得学园方的同意，花费了很多精力和时间。

我们从 1999 年开始正式交涉，小林先生总是从大局出发进行调和。他是我进入北里研究所以来最尊敬的前辈之一，也是最理解我的人。

关于小林先生，我想在这里先介绍一下。小林先生曾任北里大学药学部第四代部长，后担任大学校长、常任理事等重要职务。他曾经是北里研究所的社员，对北里研究所和北里学园双方的历史都有所了解。

学园卖掉千叶县柏市所持有的土地后，以部分收益为基础，设立了两法人研究者可以使用的“全北里计划（AKPS）”基金。虽然他是北里学园的负责人，但也能照顾到北里研究所，这对研究所来说是非常幸运的。

翻建白金校区北里研究所医院大楼时，学园常任理事小林先生担任白金校区维修委员会会长。后来先生患病住院治疗，谢绝了主治医生为他准备的房间。他想住的病房在老建筑物的一角，“因为可以眺望新楼施工现场”。遗憾的是，没能看到新大楼竣工，先生就在那个病房去世了。

回到合并的话题。

随着研究所和学园进行各种磋商的进展，为了合并，在形式上，双方已经达成了默契。

研究所在全体社员大会上就合并方案征得了大家的同意，并向学园方呼吁赞同方案。学园方也接受这些，自佐藤登志郎任理事长时开始，就着手这项合并工作。

但是，我和佐藤理事长商量过并且双方都同意的内容，在学园的常任理事会上全部成了废纸，完全搁置了。至于反对的理由，佐藤理事长巧妙地说，就是他们担心自己的职位。

因为我表达了合并后董事退位的意思，不能保障他们的身份，于是，合并话题的方向完全变了，开始向相反的方向发展，并且还出现了反对合并工作的常任理事，合并工作再次停滞不前。

当时，我的事业也受挫了，我决定等学园下一届理事会成立再说，就中断了交涉。也有人担心学园内部交涉困难。2003 年，柴忠义先生众望所归，当选为学园新理事长。柴理事长和新上任的常任理事们理解合并的意义，为了实现合并目标，设置了修订规定委员会等诸多委员会，快速推进了合并工作。

2008 年，作为学校法人的北里研究所终于完成了合并。从开始交涉到完成合并，用了十余年时间。在这期间，学园的评议员山田阳城君、事务管理部的岩井让君及斋藤和男先生，都起了很大作用。还有，学园的日高和正先生等也竭尽了全力。

梦幻般的山梨大学校长

作为北里研究所所长，我最忙的时候，来了个想不到的事情。当时，我正在法国出差。

参加学术会议到法国出差时，我基本上都以巴黎乔治五世四季酒店为大本营进行活动。1996 年，法国西北部诺曼底地区沿海城市多维尔有国际会议（日法精密化学学会）。会议结束后到达酒店时，我收到了秘书发来的信息。

要事是：“当选为山梨大学校长，同意吗？”我出差之前，研究所收到了通知，内容是我“入选了母校山梨大学校长七名候选人之一”，但我觉得自己反正是临时的泡沫候选人，就和秘书说了，可以不管它。

但是现在当选了，我就必须回信。我指示研究所召开临时理事会，先汇总大家的意见。另外，我还和在文部省担任课长助理的表弟山本顺二商量，我该怎么办。

我最在意的是我能否继续在北里研究所搞科研。我也想知道，若谢绝，文部省会怎么处理。在研究所的理事会上，多数人认为，如果我现在辞职，会给所里带来麻烦，但也有一人说，让我自己决定。

文部省的回答是，当校长就不能继续搞科研。于是我决定谢绝校长的职位。我觉得拒绝母校的破格申请实在对不起，就给山梨大学校长选考委员打电话，转达了辞职意向。

插一句题外话。当时我正在办理退房手续，发现国际通话费几乎和房费一样多，着实吃了一惊。

有一次，北里研究所事务管理部部长斋藤和男先生对我说：“如果您就任山梨大学校长，那么评选叙勋奖章时一般都是勋二。可如果您是私立北里研究所所长，那么评勋二就比较难了。”原来是这样的啊。

2011 年，我获得了相当于以前勋二奖章的瑞宝重光章。2015 年，我获得了诺贝尔奖，还获得了文化勋章。

北里柴三郎纪念室

我一方面腾出精力处理翻建白金校区医院和合并的事情，另一方面自任副所长以后，尽可能地学习北里研究所的历史。在此基础上，我做了两件事。

第一件事就是努力展示北里柴三郎先生及其弟子的资料，不仅让北里相关人员，还让社会上更多的人熟知先生的业绩以及建立北里研究所的理念。

当时，北里柴三郎先生的资料室位于本馆四楼像仓库一样的地方。我和时任学园理事长西山保一先生商量后，决定在本馆最好的场地设立更大的纪念室。

1997 年，我和北里学园共同努力，设立了内容充实的纪念室。我成为研究所所长后继续努力收集资料。当时，我得到了中濑安清先生、手冢甫先生的帮助。

我委托巴黎在住的友人盖博・卢卡奇博士在拍卖会上购入的路易斯・巴斯德（Louis Pasteur）的学位论文真迹，可以说是纪念室里引人注目的资料。

另承蒙日本动画廊长谷川智惠子副社长美言，我得到了森村家捐赠的森村市左卫门（东洋陶器即现 TOTO 创始人，北里柴三郎先生的恩人之一）的遗物等。并且，我还在森村家相关财团“森村丰明会”设立了奖励青年研究者的“森村丰明会奖励奖”。

随着白金校区翻修北里医院北区工程的竣工，展品更加充实的北里柴三郎纪念馆得以设立，实现了我多年的梦想。

第二件事就是着手促进北里研究所与罗伯特·科赫研究所的交流。罗伯特·科赫研究所位于德国柏林，是由北里柴三郎先生敬仰的恩师罗伯特·科赫创立的。

1988 年，德国卫生部长和罗伯特·科赫研究所所长格鲁斯克劳斯博士来访，以此为契机，我们进一步商量，决定北里研究所和罗伯特·科赫研究所共同举办专题研讨会。后来，专题研讨会取“北里”“科赫”的字头，两个“K”叠加，称“双 K 专题研讨会”。

1988 年，第一次专题研讨会在柏林罗伯特·科赫研究所召开，我发表了演讲。随后，专题研讨会在北里研究所和科赫研究所隔年交替召开。2014 年，第十三次专题研讨会在北里大学相模原校区召开。共同举办专题研讨会使两个研究所的交流更加稳固。

北里研究所和罗伯特·科赫研究所的交流，除了法人之间的合作外，也让我和代表德国研究者的历任所长有了亲切的交往，这对我来说，是非常荣幸的事情。

自外斯博士开始，到和库尔斯博士、哈克尔博士（从德国利奥波第那科学院会长调任）、莱因哈特·布格尔博士相识，我们进行信息交流，加深了友情。特别是布格尔博士，他从担任罗伯特·科赫研究所副所长开始，就经常邀请我到他家，还陪同我参观柏林及其周边，我们私下也更亲近。

高尔夫

虽然我只参与了研究抗生素、改革经营北里研究所、建设新医院等工作，但也搞坏了身体。自成为北里大学教授、开始独立核算运营大村研究室起，我常处于亢奋状态，晚上也常失眠。检查身体，未见明显异常，但是我没有食欲，还经常头晕。

虽然妻子策划了多次温泉旅游，但我仍然没有好转。最后我到心理科就诊，医师说："如果再这样下去，身体就会彻底垮掉。玩电子游戏或打高尔夫球什么的都可以，找一个工作以外着迷的事做做。"我觉得教授玩电子游戏不合适，就选择了打高尔夫球。

岳母马上送给我神奈川县伊势原市附近的高尔夫球场的会员证作为礼物。我经常开车去。我制订了"五年计划"——从差点（handicap）18开始，五年后达到单差点（single）的水平。

在高尔夫球场挥杆

我打球的最大特点是在练习上。我不像多数人那样在打球前练习，而是在打球后练习。不管多累，回家途中我都要绕到某个练习场，回顾当天做错的地方并且查明原因。

还有就是，不管遇到什么样的情况，我都不言放弃。即使球入沙坑或什么别的情况，我也都不会放弃，而是认真地打到最后。有时结果会出现大反转。人们都说："和大村打球，不到最后不知道输赢。"

因为和技术差的人一起打球很无奈，所以为了能和高水平的人一起打球，我必须努力。在学习阶段，我没能和非常喜欢的"教练魔头"一起轮转过。

过了一段时间，我成为神奈川县厚木市本厚木乡间俱乐部的会员，接受劝告，加入了差点 10 以下人员组成的"炼成会"，开始正式练习打高尔夫球。当时，我的水平是差点 12 ~ 13。多亏在"炼成会"的磨炼，五年后我达到了差点 5 的水平。

我每年住院体检两次。因痴迷于打高尔夫球，我住院体检时竟把护师叫成了"球童"。虽然有人说我"也许能成为俱乐部冠军"，但我后来因新医院的建设忙于和医师协会交涉等，根本顾不上打高尔夫球，故没能实现"预言"。但我并不是不打高尔夫球，而是打得少了。1990 年我还成为埼玉县川越市名门霞关乡间俱乐部等的会员。

北里大学医学中心开诊的第二年，我成为北里研究所理事、所长。

通过打高尔夫球，我能够和学者、管理者、政治家等各种职业的人交流，对研究所的重建非常有用。多亏建立的人脉，使我可以获得学者世界不懂的、与管理和经营相关的重要情报。

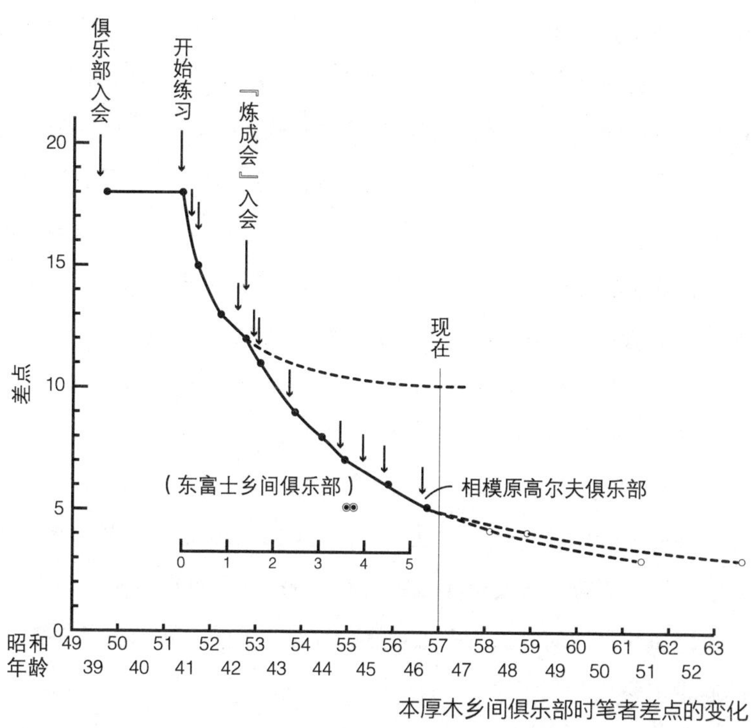

本厚木乡间俱乐部时笔者差点的变化

名门课程、相模乡间俱乐部（旧相模）会员选考时，我和日本画家也是文化勋章获得者加山又造先生（已故）及日本生命保险社社长伊藤助成先生（已故）一起接受了面试。三人全部合格，我们和同期捧场的人互相祝贺。

一起打高尔夫球的伙伴中有一位鸣川洋一先生。鸣川先生自1991年开始，一直担任东方学园（1983年建校，学校法人，原名“三友学园”，现名“东方学园”，自称“埼玉第一高中”）的理事长。他邀请我到学校参观，并给教职工做报告。

那所学校历史不长，在埼玉县内多所高中当中，可以说评价一般。但我参观埼玉县岩规市（现埼玉市岩规区）的那所学校，和教员们见面并听取全部课程等教学内容后，产生了一些共鸣。

参观结束后，演讲之际，我坦诚地讲述了自己的感受，同时也就学校教育中必要的理念谈了自己的观点。我说："这所学校进行的教育是真正的'开智'，我对实施这种理念的理事长以及相关人员表示敬佩。"这些话好像触动了教员们的心。随后，校内新建的讲堂命名为"开智讲堂"。没过多久，他们把学校法人名称变更为"开智学园"，并进一步把学校名称也改为"开智高中"。

随着时代的变迁，理事长由鸣川洋一变成了青木彻。在开智高中基础上，学校一气发展成了埼玉县内屈指可数的名校，考取东京大学、庆应义塾大学等公私立名校的毕业生也在增加。

北里研究所对其进行了各种援助，对学校的发展做出了贡献。按照青木理事长的设想，学校对理科优秀的学生授予"大村奖"。获奖者当中，有人因在东京大学表现出色，又获得东京大学校长奖。作为支援"开智"发展的人，没有比这更高兴的事了。

基于上述原委，我目前仍保留着"名誉学园长"的头衔。

第七章

与艺术结缘

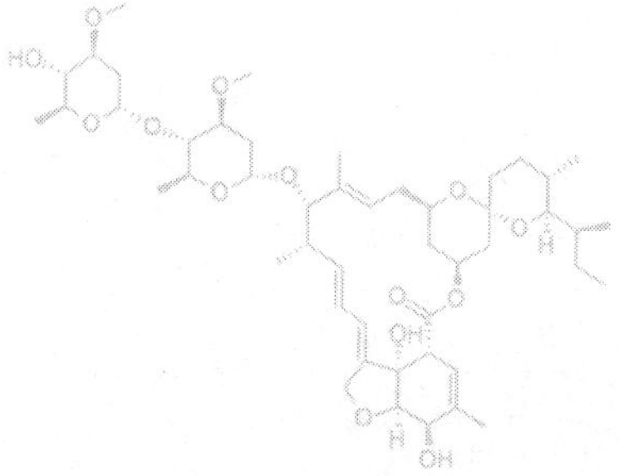

医院与艺术治疗

我每次出差，都会抽时间顺便去美术馆参观，欣赏那些非此画法便不能成就该绘画的作品。对绘画的热爱源于孩提时，母亲在我卧室和学习的房间墙壁上挂了很多画。还不能说是绘画，确切地说，是照片或挂历上的画，但其中也有米勒等人的作品。我也剪贴挂历、收集绘画作品。

最早购买画作是我刚入职北里研究所的时候。秦藤树教授喜欢绘画作品，他说："银座画廊正在拍卖作品，你去把我喜欢的画作买回来。"他交给了我 30 万日元。我购买的是画家麻田鹰司的《湖北寒村》。拿回来给教授看时，他说了一句："有点贵。"并幽默地说："画里的土地不及三分之一。"画的是湖畔的景色，陆地少是当然的了。

研究室里常有画商出入。虽然常被妻子文子责备，但我还是不断地用自己的零用钱购买绘画作品。第一次用月付方式购买的是野田九浦的作品《芭蕉》。直到现在，它还被珍藏在父母家中。

疲劳时凝望一下，可以修身养性。

我因科研而得到的奖金等，基本上都花在购买画作上了。虽然文子不满地说“画作又卖不了，应当存点钱”，但我还是忍不住。我是自己看着高兴才购买的。随后我思忖着，医院的患者也可以用画作疗愈吧。

小的时候，每次去医院都要在昏暗的地方等几个小时，状态反而变得不好。在新建的北里大学医学中心，我采纳了当时在日本几乎不被人知的艺术治疗方式治病——画作环绕着医院，让患者可以得到慰藉。

20 世纪，科学技术突飞猛进，但人们忽略了人的心理问题。希望 21 世纪成为“心的时代”，我想建设与之匹配的医院。

为了用少量的资金收集质量好的绘画作品，我想到了展示绘画作品、选出优秀作品予以奖励而将收到的绘画作品陈列在医院的方案。于是，我们在 1989 年 3 月举办了第一次题为“人间赞歌大奖作品展”的绘画展。应征作品超过 1000 幅，其中 100 幅作品入选。入选作品归北里研究所所有，我们给作者奖金。

我们举办了 6 次大奖作品展，征得了数百幅骨干的绘画作品，加上遇到机会顺便购买的部分作品，以及赞同绘画展宗旨的画家等捐赠的作品，医院收藏的作品超过了 1700 幅。

医院走廊陈列了 250 多幅。所有人都可以观赏到在一楼陈列的绘画作品。一楼大厅里还放置了大型钢琴，定期召开“市民音乐会”。文子暂且担任音乐会负责人，由她决定邀请哪些艺术家、演出费多少等事务。

医院的附属楼里设有护理专科学校礼堂。附属楼里像美术馆一样，也陈列了很多绘画作品。附属楼里还设有中国画家王森然先生和活跃在纽约的画家冈田谦三先生的绘画作品展览室，展出的都是两位先生的夫人捐赠的作品。我希望通过在日常中接触好的作品，培养出情感丰富的护师。

2012 年，北里研究所把附属楼改为大村智纪念馆。

1999 年竣工的港区白金校区北里研究所医院的新楼也陈列了许多绘画作品。为开展艺术治疗，北里研究所集中购买了我喜欢的画家铃木信太郎先生的绘画作品。

铃木信太郎先生善于使用色彩，被人称为“色彩师”。他大学时没有接受过艺术教育，以前没有受到众人关注。但现在，他有很多粉丝。他被称为“怪人”，这一点与我相像，我感觉有种亲近感。

为纪念建院 100 周年而重建的北里大学医学中心也在大规模地开展艺术治疗。

女子美术大学理事长

当时是 1992 年。

我和开智学园的关系源于高尔夫球伴鸣川洋一先生，他曾经是女子美术大学的职员。他和既是高尔夫球伴又是同一大学事务管理部部长的武藤胜彦邀请道：“女子美术大学数年后将要举办 100 周年纪念活动，您能否成为理事，参与大学的经营呢？”

另外，小濑正吉先生是我的远亲，当时他担任女子美术大学监事。他也劝我，于是我就接任了理事一职。

女子美术大学当时是由常任理事主导运营的，理事长职位空缺。到了 1993 年，早稻田大学出身的本明宽先生就任理事长。

由本明理事长负责的女子美术大学和早稻田大学两校共同运营的色彩研究所迁移到了女子美术大学，与之相关的一些人员被聘为女子美术大学教授。按照惯例，聘用教授必须经过教授协会的认可，可是那次没有按照惯例走流程。

教授协会对那次人事安排不满，引起了很大的骚动。理事会没有采取必要的措施，所以纠纷不断。我正好处在作为理事任期届满之时，便决定对此事发言。

我在理事会上的提案是，这个问题是由女子美术大学失误导致的，对聘为教授的人应罚款并让其辞职，让这个问题回到原点，并表明，我将辞去理事职务。于是，1 月份我就辞任了。

最后，女子美术大学采纳了我的建议，事情就解决了。过了一段时间，女子美术大学的系主任等诸位教授邀请我出任理事长。我犹豫不决，但被林敬二、入江观两位教授的热情所打动，便接受了。一旦受人之托就觉得“无法推辞”，这也是我的弱点。

另外，虽然北里研究所培养研究员，但我只制定大的方针策略、对课题提出建议，科研也能顺利推进，因此我判断，兼职是可行的。

因为这个理事长的就任流程违反了女子美术大学的规章制度，所以刚一上任，我就按照章程，从决定理事、理事长开始，着手改革大学的运营方式。我从改革事务管理人员的意识开始，逐步改善大学的运营状况，并开始着手大学 100 周年纪念活动的工作。

纪念活动最大的亮点是建造美术馆。学校开始募集资金。校友鼓励在校生父母以及我熟悉的制药企业等捐款，最终募集到了 9 亿多日元。当时的办公室主任远藤九郎君在邀请企业捐款方面竭尽了全力。

紧接着就是修复大学和校友的关系。为了改善大学和校友极不和谐的关系，校方主动大力支持校友们的绘画等艺术活动。

作为理事长，我需要尽可能地去参加展览会并发言，用心鼓励参加艺术活动的人。不久，校友会就变成了女子美术大学运营的支援团队，以至于从校友会中邀请到了理事。

《德之华》

在女子美术大学相模原校区，作为大学创立 100 周年纪念项目而建立的美术馆，其 10 号馆的 1 楼设立了展厅。我任性地把中庭命名为“梵吉广场”，因为我想在那里放置现代雕塑巨匠，也是女子美术大学客座教授（现在为名誉博士）的朱利亚诺 · 梵吉先生的作品。

因为梵吉先生的作品都是独一无二的，所以一般情况下，价格都昂贵到买不起。我们极力邀请梵吉教授，即使小的作品也可以，于是他在 2014 年为我们创作了一尊高约 165 厘米、名为《金发女孩》的作品。据说，作品是以女子美术大学的学生为原型而创作的。在这件作品的制作过程中，津田裕子教授起了很大的作用。

对于大额捐款的企业，我们不单要颁发感谢证书，还想用其他大学没有而女子美术大学特有的方式表达感激之情。于是，我们想制作版画作品集。

女子美术大学有很多优秀的毕业生，其中不乏获得文化勋章、当选为文化功劳者的。我想从中邀请 10 位活跃的画家，请她们提供作品，我们来制成版画集（女子美术大学创立 100 周年纪念版画集）。

我和一些人商量，结果都说："有些过分，不可能。"因为她们不仅属于不同的流派，而且好多先生已和女子美术大学疏远了。可是，人们越说无法做成的事，我就越想试试。

100 周年纪念版画集得到了堀文子先生的支持

我听从了前辈的忠告，即片冈球子、堀文子两位先生不点头的话，版画集无法出版。片冈先生曾在女子美术大学当教授，但现在，她的人事关系已调到其他学校。通过女子美术大学校长佐野努先生的沟通，片冈先生同意见我。

第一次拜访片冈先生是在 2000 年年初。当时已经 95 岁高龄的她说："我一直都在画富士山，可是从来没有得到过富士山的表扬。为了得到它的表扬，今后还要继续画下去。"她给我留下了很深的印象。

堀先生最初说"和自己无关"，但在吉井长三先生（已故）牵头的三人聚会上，我终于说服了她，并和她意气相投，完全亲近起来，以至于后来可以邀请她去温泉休闲或一起写生旅游。

中岛良成是画商，也是我东京理科大学的校友。和他同住在伊豆宾馆时，我们曾穿着浴衣一起出门去看萤火虫。因周围黑暗，我们手拉着手蹚过溪流。十几年后我去拜访他，那时他已经 98 岁，我们还高兴地聊到，当年那件事令人难忘。

堀先生曾说："人只有被逼到绝路上，才能开辟自己的领域。"我也有同感，并写进记事本里。

华丽的版画集完成后，我用墨笔题名《德之华》，印刷了 160 套，赠予高额捐款的企业。直到现在，如果和当时的人见面，还会谈到版画集《德之华》。

2000 年，我拿出了部分从北里研究所得到的专利奖金，设立了面向毕业生的基金。大家提议基金命名为"大村智基金"，但是我为了感谢妻子文子的付出，建议加入"文子"的名字。

就这样，我设立了纪念 100 周年"大村文子基金"。基金用于资助研究员去巴黎领取“女子美术大学巴黎奖”和去米兰领取“女子美术大学米兰奖”，以及颁发“女子美术大学创作与研究鼓励奖”等项目。

我决定在完成女子美术大学创立100周年纪念庆典活动后卸任理事长，然后专注于北里研究所的工作。当时，北里研究所和北里学园整合的工作量也在增加，且我的身体状况变差了，辞去理事长职务是明智之举。

可是4年之后，情况发生了变化，佐野努先生在2006年9月的校长选举中当选为校长。

支持佐野校长的人说：“佐野先生当选校长就是期待大村先生的回归。”于是，学校邀请我再次就任理事长。

我谢绝了。但是，他们千方百计地劝说，甚至有同学或相关人员直接到我韮崎的家里邀请我。经过4个月的轮番劝说，我实在推辞不掉，不得不接受了。

自那之后，我担任了两期8年的理事长。2015年6月，福下雄二先生接任，我成为名誉理事长。把两次理事长任职时间加在一起，我总共担任了14年女子美术大学的理事长。

天皇、皇后两陛下和堀文子先生

我经常得到堀文子先生的关照，但没想到的是，我还能在皇居吹上御所拜见到堀先生的绘画作品。

非常荣幸的是，我两次被天皇、皇后邀请到吹上御所。第一次是 2011 年 2 月，我与日本科学院的 3 位院士一起拜访御所。第二次是 2016 年 3 月，我与 2015 年诺贝尔物理学奖获得者梶田隆章先生及夫人一起被邀请。

第一次是在会客厅里和天皇、皇后进行了亲切愉快的交谈。第二次是受邀参加晚宴，我想不到会在轻松的氛围中与两陛下交谈并共进晚餐。

天皇陛下深谙热带盘尾丝虫病患者的悲惨，也非常理解我获奖的理由。对此，我感到非常荣幸。

接着又谈到了长尾鳍锦鲤鱼，天皇陛下说起了他在雅加达的往事。在此之前，我出席了埼玉县荣誉县民的授予仪式。在仪式结束后，由上田清知事陪同，我参观了知事宿舍旁的鱼池，看到了珍贵的长尾鳍锦鲤鱼。

天皇陛下说，自己还是皇太子时，曾到印度尼西亚首都雅加达旅行，见到过原产的长尾鳍鲤鱼。后来到埼玉县的水产实验场参观时，他提到了那种鱼。长尾鳍鲤鱼和日本的锦鲤鱼杂交后，诞生了长尾鳍锦鲤鱼。

天皇陛下所说的长尾鳍锦鲤鱼，是实验场的研究员反复试验成功的鱼种。

在吹上御所的食堂里陈列着篠田桃红女史的大作，我看到后说："是造型协调的好画。"天皇陛下回应道："桃红女史听到的话，一定会高兴。"我非常愉快。

我们度过了悠闲愉快的时光。告辞时，两陛下一起送到门口，直到我们上车，他们还站在原地，令我惶恐之至，并衷心感谢他们整个晚上对我们的关心和照顾。我怀着感激之情离开了御所。

上车之后，回想起出御所时，看到沿着走廊装饰着堀文子先生的绘画作品。我一边走着，一边和两陛下谈着堀先生的绘画作品及随笔等。

可能因为天皇陛下知道我与堀先生的交往，所以特地安排陈列了堀先生的绘画作品吧。实在佩服天皇陛下的良苦用心。可想而知，作为象征的天皇陛下的工作，也是非常辛苦的。

除此之外，我还和两陛下见过几次面，当时的照片在数本相册中珍藏着。

还有一张照片，1990 年 6 月 11 日拍摄于日本学士院奖颁奖仪式会场。我在天皇、皇后两陛下的前方，接受胁村义太郎学士院院长授予的学士院奖。

院长的后面是文部省大臣和总理大臣代理。两陛下一起亲临该颁奖仪式，是天皇陛下刚成为“平成天皇”时的事情。

颁奖仪式的当天下午，我受邀参加了皇居的茶会（午餐会），体验了茶会的过程。

首先，两陛下坐到中央位置的桌位，邀请的 13 位获奖者分开桌位坐下。以皇太子殿下为首的皇族成员也分别落座在不同的桌位。

然后，上前菜。上完之后，在下一道菜端上来之前的空当，两陛下和皇族成员会移步到下个桌位。

如此一来，在最后的咖啡端上来之前，两陛下及皇族成员会绕席一周，逐一和每位获奖者聊天。据说，这是天皇陛下自创的方式。

后来，或作为“讲书始”仪式的随从，或在紫绶褒章、瑞宝重光章颁奖之际，或在被授予“文化功劳者”荣誉称号、颁发文化勋章之时，我都会被邀请至皇居，使我有机会拜谒两陛下。

天皇陛下亲授文化勋章仪式的第二天，参加两陛下邀请的茶会时，皇后陛下询问：“大村先生，今天也带着夫人的照片吗？”这是因为前一天天皇陛下亲授颁奖仪式后出席记者招待会时，当一记者问到“带着夫人的什么东西吗”，我便让他看了装在小盒子里的妻子的以及已故合作者大岩留意子君的照片。电视里播放了会见时的录像，皇后陛下看到了，才有了那样的询问。

当时我准备了照片是为了带着去斯德哥尔摩，故从内兜里拿出照片给两陛下看。因妻子也能得到两陛下的恩赐而拜谒，得到如此的厚遇，我想她在另一个世界也是很感激的吧。

创建美术馆

在女子美术大学创立100周年系列纪念活动中，我有一次意外的相遇。

参观举办的“维纳斯女神们的100年”展览时，在毕业生冈本弥寿子的作品《拂晓的祈祷》前，我一下子停住了脚步。

画中表现的是拿着箭的女性因有什么心事去参拜神社后在回家的路上。作品充分描绘出了祈祷的神情。在男性的绘画作品里一般不会有这种神情吧？

作为理事长，我打算以此为契机，尝试着收集毕业生的绘画作品。虽然妻子多次说“以后卖不出去的话就糟了”，但我还是在陆陆续续不停地购买。

我所购买的绘画作品既有价值10万～20万日元的，也有超过百万日元的。虽说我是外行，但也常被称赞：“你还能收集到这么好的绘画！”如果自己评价自己，我应该是有鉴赏力的吧？

没过多久，我所购买的作品就没地方放了，我开始考虑建美术馆的事情。我想建一个日本没有的、只收集女画家作品的美术馆。于是，2007年10月，在父母的住宅旁，我建立的“韮崎大村美术馆”正式开馆。我只在二楼的一间展厅陈列我喜欢的铃木信太郎的作品。据说在世界上，只为女画家的作品常设展厅的美

韮崎大村美术馆里放置着作者的半身塑像

术馆，只在美国华盛顿 DC 有一家。

二楼设有三面是大窗户的展览室兼眺望台。为了充分欣赏八岳山、富士山，我按照自己的感觉决定地板和窗户的高度。我对眺望美景很有信心。

建美术馆的原始资金来源于美国著名制药企业礼来公司的技术指导费（以我阐明结构的抗生素为基础进行新药研发时的指导费）及我按照规定从北里研究所领到的专利补偿款等。

美术馆开馆的第一年由我自己运营管理，随后我计算出一年所需的管理费和员工劳务费出示给韮崎市政府，在 2008 年，我把美术馆连同绘画作品捐赠给了韮崎市政府。

虽然我还是美术馆馆长，但美术馆却作为韮崎市立美术馆来运营。它可以算我 2000 年成为名誉市民后献给韮崎市的礼物。2017 年（开馆 10 周年），韮崎市政府在美术馆内建立了“大村纪念室”。

和艺术家们交流，使我的人生更加丰富和快乐。其中，我想介绍一下与我交往比较深厚的荻太郎先生、森田茂先生和小杉小二郎先生三人。

森田茂先生在男性画家中年龄最大。他曾带我和文子到涩谷区去吃文子喜欢的炸鱼盖浇饭，还带我们到他位于丰岛区目白的家去玩。他的画作厚重深远，从远处一看就能知道是他的画作。

我和森田先生第一次见面是在小野正己先生的画廊奥斯卡美术举办的展览会上。当时，我对先生说：“我想购买先生的一幅作品。”先生答道：“可以把最重的一幅画拿回去。”

先生说出了他画作的特征就是有重量感，幽默地告诉了我选择他画作的方法。在北里研究所医院的 2 楼陈列着第 100 号大作《富士》（森田先生所作），营造出了庄重的氛围。

前面已提及，在埼玉县北本市的北里大学医学中心陈列绘画作品，既能使到访的患者和家属舒缓心情，也兼有文化设施功能。作为收集绘画的方法之一举办的绘画作品征集展“人间赞歌大奖作品展”，曾邀请森田先生担任审查委员会委员长。

与荻太郎先生的交往，是自 1980 年我第一次被小野氏领到先生文京区关口的工作室时开始的。我和他的亲密交往持续到 2009 年先生去世。虽然先生年长我 20 岁，但我可以轻松地和他交流，这源于先生谦逊的品格。

韮崎大村美术馆收藏了先生的许多绘画作品。因为是格调高雅的作品，所以我每次欣赏时都有深深的感动。

我研究室的学生组成的同窗会“土块会”为了庆祝我 60 岁生日，委托荻先生画一幅我的肖像画。当作品放在我面前时，我总觉得他看透了我的心，不由得精神紧张。

小杉小二郎比我年轻 9 岁，我们像朋友一样交往。小杉的家属定期到北里研究所医院看病，作为陪护来院的小杉氏，对医院里陈列的多幅铃木信太郎的绘画作品都很感兴趣，于是向医院的工作人员询问来历，由此知道了我，于是我们开始了交往。

这是发生在 15 年前我担任研究所所长时的事情。工作人员向小杉氏介绍了我的兴趣、和铃木信太郎大师及其家族的交往、北里研究所收藏的大师的许多作品。于是，小杉氏希望和我见面。

因为这种缘分，韮崎大村美术馆开馆之际，我委托小杉氏设计美术馆的徽标，Ω（电阻的单位，ohm 欧姆）放入 RA，读起来和日语“大村”（Omura）的发音一致。设计时，消遣的心情也考虑在内了。

参观在东京日本桥三越本店举办的小杉小二郎画展时，我决定买入第 100 号题为《母亲》的作品。记得和在场的美术评论家米仓守氏（已故）说话时，他说道：“挑选得不错，小杉作品的特点都体现在这幅作品里了。”

我还不认识小杉氏的时候，他就已经在日本经济新闻社负责过原登氏的连载小说《发热》的插图工作了。我把他的插图全部剪贴收集起来了。后来受邀和小杉氏进行杂志访谈时，我拿给他，他很吃惊，但感觉更亲近了，我非常高兴。

在韮崎大村美术馆开馆 10 周年的今年（2017 年），我要举办小杉小二郎先生的作品展，打算作为礼物送给他，我一直在等待这个时机。其他画家多次邀请我进行画廊对谈，但都被我拒绝了。之所以接受和小杉氏进行画廊对谈，是因为喜欢他的绘画作品，并敬畏他。

广泛与画家交流

除上述之外，我和其他很多男性画家的交往也都给我留下了各种各样的回忆。

以构思奇特、色彩鲜明为特征发表绘画作品的独立美术协会的作家绢谷幸二先生，由夫人，也是油画家的福岛瑞穗陪同访问韮崎时，我带他们去了武田八幡宫。正好遇到一只还不太会飞的纯白色的小猫头鹰从鸟窝掉下来，于是我们把那只走起来跌跌撞撞的小猫头鹰带回我家。

想法子喂它饲料什么的，它都不吃，我有些束手无策。绢谷先生在饲料里加入鸡蛋黄，它终于吃了。这件事让我感觉到，他从心里喜欢动物。从中可以窥到，在他的色彩丰富、气势宏伟的湿绘壁画中看不到的另一面。

还有一位奥谷博先生，他是油画界的权威，年长我一岁。作为同龄人，我们有着深厚的友谊。他在我当选文化功劳者后的祝贺会上讲过话，还被指定为锤破酒桶盖祝酒的“镜割”（日本传统的庆祝仪式。——编者）者。后来，在我获得文化勋章和诺贝尔奖后的祝贺会上，他也都发表了讲话。

奥谷先生代表独立美术协会提议，会员们一起制作 80 周年纪念册，请所有会员都面向纪念展创作 0 号作品，画好后装在一个画框里。历经两年，会员们制作了两幅画，随后出卖。

当我想购买时，觉得为时已晚，恐怕画已卖出。但非常庆幸的是，画还没被买走。我购入后收藏至韮崎大村美术馆。值得高兴的是，这样不仅入手了独立美术协会的墨宝，还一气增加了美术馆里收藏的画家人数。

有一个 NPO 法人“青木繁（海之幸）会”。青木繁会的宗旨是修复油画界首次被认定为重要文化财产《海之幸》所绘位于千叶县馆山市的船主的家，并在表彰青木繁功绩的同时，为培育年轻艺术家发挥作用。

受到非常敬仰青木繁的女子美术大学吉武研司名誉教授、入江观名誉教授，还有青木繁出生地久留米市出身的吉冈友次郎先生三位的邀请，我就任“青木繁（海之幸）会”理事长。随后不久发生了东日本大地震。当时，作为“青木繁（海之幸）会”主要任务的募捐活动受到了影响。但是，在以“青木繁（海之幸）会”负责人为主的全体会员的共同努力下，我们还是完成了资金的募集任务。整修后的建筑物于 2016 年 4 月 24 日正式对外开放。

我也与二纪会的山本贞和薮野健、立轨会的久野和洋等在展览会上相识，后因成为“青木繁（海之幸）会”负责人的机缘，和他们有了更深厚的交往。

我在担任女子美术大学理事长的 14 年间，也结识了很多女性美术家。除在版画集《德之华》中署名的画家之外，我还结识了入江一子、金山桂子、福岛瑞穗等。不限于女子美术大学毕业生，我还与池口史子、志村节子、北久美子等多位人士有广泛的交流。韮崎大村美术馆收藏的作品丰富也和这有直接的关系。

大村研究室同窗会“土块会”的诸位会员委托雨宫敬子先生制作了我的两尊半身铜像，分别放置在北本市的北里大学医学中心和韮崎市的大村美术馆。应福岛瑞穗先生的要求，我在女画家协会设立了“大村文子纪念奖”。这些也都是基于与画家们的交流而实现的。

访问陶艺家的陶窑

我对陶艺感兴趣是30岁的时候。根据文子亲戚的消息，由在日立市经营电器店同时也做其他生意的能野勉氏陪同，我第一次拜访了益子的陶窑。

在那里见到岛冈达三先生的作品之后，我也敬仰他的人品，完全成了他的粉丝。随着交往的加深，我也陪同从海外来的宾客和友人去参观先生的作品。

先生在海外也很有名，出版过英文作品集。我到海外出差之前，常到益子求购先生的作品，还给他带土特产，他非常高兴。受先生之托，我在美术书里介绍过先生的事迹。

先生后来成为“人间国宝”，只可惜88岁就去世了。韮崎大村美术馆里除收藏了委托先生制作的盐釉象嵌大皿之外，还有几个作品。

我搞研究累了想休息时，若有两三天空闲时间，就会去温泉度假或去陶艺家的陶窑参观。从南边的冲绳到北边北海道的旭川，我走访过近30个陶窑。

冲绳有壶屋烧金城次郎氏。

1990年陪着妻子文子和女儿育代到九州鹿儿岛的指宿温泉旅游之际，我去了萨摩烧之乡，拜访了司马辽太郎的小说《难忘故乡》的主人公沈寿官氏的陶窑。

萨摩烧有“白纹”和“黑纹”之分。据说，“白纹”（白萨摩）是由藩主御用窑发展出来的，而“黑纹”（黑萨摩）来自民间，它带有漆黑的光泽，朴素刚健，深受庶民喜爱。我买了这两种趣味完全不同的萨摩烧。

几年之后，我和我的高尔夫球伴佐藤路郎氏（我还常年向他咨询经营管理经验）及研究所公车司机佐川隆一氏三人拜访了指宿长太郎烧窑。我们求购了大号壶和黑釉酒注（酒注的手柄由黑蔓草制作且形状独特）。

我曾经多次参观茶陶器第一人中里重利氏（已故）位于唐津的陶窑。

另外，还有一位茶陶器制作专家，西冈小十先生。在第四次访问唐津时，我特别想请他赐教，于是没有预约，就坐上出租车直接去了。

这种做法会让人觉得“这个人怎么这样”。刚开始他夫人出来说：“我丈夫感冒了，正在睡觉。”我觉得实在对不起，说：“我只想看看先生的作品。”说话间，西冈先生走出来了，于是我们聊开了陶艺的话题。

在九州的别府温泉放松身心期间，我还去过位于日田市的小鹿田烧陶窑三次。杖立温泉位于北里研究所的创立者北里柴三郎先生的出生地熊本县小国町境内，从杖立温泉到小鹿田烧之乡车程 1 小时。

我知道小鹿田烧，是在萨摩的高尔夫球场及温泉度假后，翻过高山进入宫崎境内的时候。我在市里的古董店里看到了一些奇怪的陶制品，店主人告诉我，这是大分县的小鹿田烧。从那之后，我去过多次，购买了大大小小的好多作品，目前它们都收藏在韮崎大村美术馆。

我最初在一定程度上知道“这个药物能成为这种颜色”，像画彩画一样。与之相比，人的力量、火的力量、土的性质三者结合起来在烧窑中用火烧制出来的颜色和形态更吸引我。

我对不用木质旋转圆盘做陶器的伟大陶艺家北大路鲁山人迷恋已久，对充分发挥鲁山人所具有的“陶作艺术巨匠”能力的人——松岛宏明也感兴趣。

我的弟弟朔平作为业余陶艺家，师从晚年的松岛宏明。我曾在横滨的“弥三郎窑”见过松岛宏明一次。当时，他儿子芳氏已经长大成人，继承了陶窑，松岛宏明已经隐居。

我持有松岛宏明的几件作品，从中可以看出当年鲁山人“能工巧匠”的部分风采。

佳川文乃绪氏是我的童年好友，听说她在写书，我便委托她写一本关于松岛宏明的书。她有很强的好奇心和行动力，拜访、调研了很多了解松岛宏明的人，收集资料。

她本身也学习陶艺，于 1990 年出版了《鲁山人与其翻版名匠：陶工松岛宏明的生涯》。书由我自费出版，赠送给相关人员。佳川氏因此书获得了山人会的特别奖。

第八章 同仁们

三十一名教授

我的居室位于北里大学北里生命科学研究所的二楼。研究所实现了多年的愿望，即从原来的院系——研究生院研究科纵向的教育研究机构中独立出来，成为研究生院大学的研究部门。相邻的学校法人北里研究所本部管理楼的新楼也在顺利施工中。

到目前为止，我之所以集中精力对北里研究所进行改革，是为了让后任好好继承先辈留下来的宝贵财富。对北里柴三郎先生的抗生素疗法和志贺洁、秦佐八郎及秦藤树先生的化学疗法持续地进行相关的研究是研究所的传统。按照流程，我从秦先生手里将研究设备连同很多微生物都继承下来，顺利地成立了自己的研究室，即“大村研究室”。

到今天为止，我得到了许多同仁的支持。我发表的伊维菌素论文的共同作者大岩留意子君最初做了大量工作，遗憾的是，她因癌症而去世。我出发参加诺贝尔奖颁奖仪式之前曾去她的墓前祭奠，并且带着她的照片参加了颁奖仪式。

在这里也要提一下山田阳城君。他从东京药科大学毕业后到北里大学研究生院攻读硕士，在秦藤树教授主持的微生物药品制造学教研室就读，曾和我一起做科研。后来我赴美留学，虽说和他在一起时间不长，但我们一直都保持着联系。

他随后在东京药科大学取得博士学位，又回到北里研究所，成为东洋医学综合研究所药剂部的部长。他因汉方药的研究获得“和汉医学学会奖”和“立夫中医药学术奖”等，得到了国际上的认可，还升任北里研究所的理事，负责研究所的未来发展规划工作。

他还为发展北里生命科学研究所、设立北里大学研究生院感染控制科学府、统合北里研究所和北里学园等而努力工作，并在我之后接任了生命科学研究所所长职务。北里大学研究生院感染控制科学府设立后，他还作为教授而努力工作，直到退休都在辅助我工作。

高桥洋子名誉教授是创药资源微生物学研究室的负责人。当年她高中毕业后，被录用为秦先生研究室的辅助人员。她本人犹豫不决，我建议她考博士学位，并帮助她去美国留学。

她不负众望，在发现了许多放线菌的同时，在分类学领域也取得了优异成绩，获得了日本感染症医药品协会的“住木・梅泽纪念奖”及“日本放线菌学会奖”。她还担任了同学会的会长。同样自秦研究室以来一直一起工作的增间碌郎君也在研究方面取得了成绩。因为我的研究室会接连不断地收到各种协会的演讲邀请函，最近我有几个题目让高桥君承担了。

研究团队的青年学者也很醒目
（中间手持鲜花者是作者本人，其右侧为高桥洋子）

增间君发现了一种新型真菌，它所产生的物质具有降低血中胆固醇的作用。

此外，自从入职研究所以来，他常年负责培养方面的大量工作，支撑着与研究室培养相关的工作。他还担任了很多研究生的指导工作。

到目前为止，大村研究室培养出了31名教授，也培养出了很多后继人才。砂冢敏明教授在化合物合成及化学交换领域取得了巨大的成就。他也在尽力培养青年研究者和学生，使他们成长为国际通用的研究者。他非常理解我的想法，在筹集资金方面也很努力。

盐见和明教授负责筛选工作，他也是研究室不可或缺的负责人。

现在，池田治生教授引领微生物基因水平的研究工作。1985

年，他和英国诺里奇市约翰·英纳斯中心的大卫·霍普伍德教授共同在世界上首次创造出抗生素麦迪紫红素。

我打算解析伊维菌素的基因序列，便把池田君送到大卫·霍普伍德的研究室留学。池田君归国后，以他为中心，开始对生产伊维菌素的放射菌基因组序列（所有遗传信息）进行解析。

2001 年在加拿大温哥华市召开的国际研讨会上，池田君发表了他的解析结果，影响很大，连主办单位都由衷地对我说："谢谢，并祝贺你！"

解析基因组序列耗费 9 亿日元，其中一半来自通产省（现经济省）的科研经费。如果我们没有专利费收入，这项工作就不可能完成。

我们知道在这个放射菌的基因组里载有生产 30 种以上物质的基因。为了不做无用功，我们制作了剪掉基因组中的 20% 的基因，并且在基因缺口处，嵌入目的基因（即生产需要的物质的基因）以提高研究效率。这是与创药相关的技术革命。在还没有人对这些事情产生感觉的时候，我们已经在全力以赴地研究，这是我们的强项。

池田君因为这一系列的研究获得了日本感染症医药品协会的"住木·梅泽纪念奖"及微生物产业协会奖等，成为该领域名副其实的带头人。

发现伊维菌素后，我们也在竭尽全力探索对热带疾病有效的药物。乙黑一彦君是该研究的中心人物。他 2016 年 3 月退休后，把工作接力棒传给了年轻的研究者。

国外的研究者们

与国外研究者的交流不仅加深了我们的友谊，我还学到了广泛的知识，增强了能力。在1971年3月的加拿大及美国之旅中，我认识了很多研究抗生素的人，从那以后，和他们进行了长时间的深度合作交流。

除在前面提到的阿诺德·多曼教授之外，我与以研究抗生素生物合成而闻名的H.富洛斯教授也有交往，他还在他华盛顿州西雅图的家里招待过我。访问华盛顿大学时我本来有一个演讲，但因时差头脑迟钝，我就把演讲推迟了一个小时，在他办公室的长椅上稍微打盹休息了一会儿。

在美国礼来制药公司的迈克尔·戈尔曼、鲍博·哈米尔、比伯·卡斯顿三位给予的科研经费的支持下，我阐明了酪氨酸的结构。随后，我研究发明了酪氨酸的诱导剂土霉素。我们持续进行着实质性的交流。现在迈克尔·戈尔曼和鲍博·哈米尔两位已经去世了。

美国的吉姆·麦卡尔平博士常年协助编辑《日本抗生素杂志》。我们在抗生素学会上见面多次。他每次来日本都会到访我的研究室。知道我喜欢绘画作品，他就把他母亲的绘画作品作为礼物送给我，直到如今我还珍藏着。

后来，我获得“盖尔德纳全球健康奖”，邀请他来日本参加祝贺会。我们从加拿大返回日本才知道，当年我和他去多伦多会场的日期仅相差一天。

我没能邀请他参加诺贝尔奖颁奖仪式，但他来到了斯德哥尔摩，听了我的诺贝尔奖获奖演说。后来我的秘书发现他在招待会会场入口处等我。秘书告诉我后，我急忙替他申请参加招待会，并得到了主办方的准许。

三年前，他成功研发了抗生素台钩霉素。他在论述研发原委的总论部分说，看到我们发表的非常相似的抗生素特性成为他重要的参考。

我清楚地记得，2001 年的诺贝尔化学奖发布前 10 天，我接到了美国斯克里普斯研究所的巴里·夏普莱斯教授的电话。当时，我已经邀请他到马克斯·蒂斯勒纪念演讲会做演讲。可以说，我们像友人一样地交往，见面后会交流各种各样的问题。因此，我希望他

和继续合作搞研究的巴里·夏普莱斯教授在所长室

来我们研究室的 KMC 研讨会上做演讲。他对我们的天然有机化学的合成物很感兴趣。见面后，他提议共同把事先合成的数个化学结构，通过催化剂，像零件一样结合起来研究，即“链接化学”研究。当时我也同意。直到现在，我们还在继续合作搞研究。

在 KMC 研讨会上，我介绍说：“在有机化学领域里，下一个获得诺贝尔化学奖的只能是巴里·夏普莱斯教授。”结果被我言中，很神奇。

哈佛大学的伊莱亚斯·詹姆斯·科里教授在 1990 年获得了诺贝尔化学奖。我曾邀请他作为演讲嘉宾来日参加我和东京大学大野雅二教授作为主办方在大矶举办的抗生素合成研讨会。自那之后，我们一直都有交往。在书的前面已经谈到过，他把蛋白酶体抑制剂的活性本体称为“大村系列”。

我曾经把年轻的研究员送到他的研究室去留学。

我访问哈佛大学之际，还曾经和康拉德·布洛赫博士（已故）在哈佛大学俱乐部共进过晚餐，度过了愉快的时光。

研究生院大学的构想

我和约翰·英纳斯中心的大卫·霍普伍德教授交往已经 40 年了。在前面已经谈到过，现在已是北里大学教授的池田治生君曾到他的研究所留学。

但我记忆深刻的是，1997 年我到他的研究所访问时，他曾带我到过在同一个城市的塞恩斯·伯里日本艺术与文化研究所。第一次知道，在英国还有这么漂亮的设施传播日本文化，让我非常感动。直到现在，这个研究所每年都还给我寄年报，这是大卫先生建议的。

德里克·巴顿教授是英国天然有机化学大家，也是 1969 年诺贝尔化学奖的获得者，我曾邀请他作为嘉宾在第一届马克斯·蒂斯勒纪念演讲会上做演讲。我们的交往一直持续到 1998 年他去世。

和我交往密切的英国著名有机化学家中，有一位是德里克·巴顿教授的弟子，即牛津大学的杰克·鲍德温教授。2000 年，他获得了以天然有机化学大家中西香尔先生命名的、由美国化学学会及日本化学学会共同举办的“中西奖”。我们在颁奖仪式上认识后开始交往。他还推荐我成为英国皇家化学学会的特别名誉会员。他非常具有顶级科学家的风范，也很容易交往。

霍斯特·克莱因卡尔弗教授，从他当柏林工科大学教授开始到今天，持续 20 多年，与我们家族一直有交往。他因微生物学的研究而被世人所知。他是德国国家科学院利奥波第那会员，也推荐我成为会员。

当年，我开车带着他、他的女儿安、我的妻子文子、我的女儿育代，我们五人从松本出发穿过北阿尔卑斯山、高山到我妻子的娘家丝鱼川旅游，玩得很开心。我到现在想起来仍很激动。

法国的家鲍尔·卢卡奇教授是一位不需要客套的友人，我昵称他“小南瓜”。我们都关注北里霉素的研究。1971 年，我提议我们共同搞研究。我们通过核磁共振装置（13C–NMR）阐明了大环内酯类的结构，并共同发表了数篇论文。

他从法国国家科学研究中心天然化学研究所退休后，开始对日本医学科学史感兴趣，调研、整理资料并出版了两本书。他来北里研究所的东洋医学综合研究所调研和到京都大学图书馆查找资料时，一定会和我联系。我们见面叙说近况，并共同度过愉快的时光。

另外，我和天然化学研究所的皮埃尔·波帝埃教授、巴黎南大学的亨利·卡根教授也都有密切的交往。波帝埃因研发抗癌药紫杉醇而闻名于世，卡根因不对称合成方法的研究成为诺贝尔奖候补者。我认为卡根和日本的野依良治教授、美国的夏普莱斯教授会共同获得诺贝尔奖，结果非常遗憾，卡根落选了。我获得了法国荣誉军团勋章，事后才知道是波帝埃推荐的。

我预感到能够从美国默克集团获得专利收入，于是就做成《关于建立国际生命科学研究生院大学的设想》计划书，分发给政界、商界要人近 80 人，解释由单纯的研究生院变成研究生院大学的必要性，因为当时日本没有相应的制度。我也向当时的文部省政务次官船田元先生提出了计划书。当时担任科长后来成为文部省科技大臣的远山敦子氏说需要更详细的资料。

关于研究生院大学的构想，我也和 2002 年获得诺贝尔生理学或医学奖的悉尼·布伦纳教授谈过。1983 年通过京都大学利根川进博士的恩师渡边格先生的引荐，我们在北里研究所第一次见面。当时，悉尼·布伦纳教授的研究方向从核糖核酸 RNA 转到了线虫。随后，我们就大学的构想进行过多次交流。

结果，这个方案因没有相应的制度而搁浅。但是，当时向大藏大臣竹下登提交的材料被转交给了关西经济联合会的宇野收氏，它对现在的奈良先端科学技术研究生院大学的成立起到了很大的促进作用。这件事是后来才得知的。悉尼·布伦纳教授担任过冲绳科学技术研究基础设施机构的第一代理事长。这个机构正是冲绳科学技术研究生院大学成立的推进者。如今，布伦纳是该大学的名誉教授。

如前所述，北里研究所开始着手新项目，即在埼玉县北本市建设医院，至于实现研究生院大学的构想，那是多年以后的事情。

中国之缘

在前面提到过，在北里大学医学中心设有中国画家王森然的作品展览室。可能有人会纳闷地问："为什么和中国有关呢？"

1981 年 9 月，我第一次访问中国，是应中国医学科学院副院长沈其震先生及其下设的北京抗菌素研究所（现名"医药生物技术研究所"）所长李焕娄先生的盛情邀请而去的。

在逗留的两周时间内，我在北京抗菌素研究所和上海医药工业研究院就"关于抗生素的研究"做了演讲，并进行了技术指导。我在两个研究单位总共召开了七场研讨会，进行了密集的学术交流。想不到，研究员们士气非常高昂。

还有，沈先生招待晚餐，我第一次吃到了地道的北京烤鸭。

他还送了我一本他自己的诗作。

回国前，我在上海短暂停留、旅游。我想着难得来趟中国，应该买点什么特产带回去，于是去逛了美术店。去玉佛寺之际，我顺道购买了清代张杰的作品《丹凤朝阳》。这幅作品成了我家的传家宝。后来上海交通大学教授詹仁左先生评论说，这应该是中国国家博物馆可以收藏级别的作品。

后来应沈先生的邀请，北里研究所大村研究室除了和北京抗菌素研究所进行友好合作外，还进一步与沈阳药学院（现在的沈阳药科大学）、石家庄市的华北制药研究所等进行了交流。北里研究所院内预备了住宿设施等，到目前为止，共接纳过 46 名留学生进行科学技术领域，尤其生物技术领域的研究。

在年末年初研究所放假、职工食堂关闭时，在北里研究所住宿的四五名留学生吃饭就成了问题。妻子知道此事后，每到年末就准备个大箱子，里面塞满年货，还有一升酒，送给留学生们。妻子的举动成了留学生之间的佳话。

我被中国医学科学院、沈阳药科大学和暨南大学授予名誉教授称号。2005 年，我被选为中国最权威的机构之一——中国工程院外籍院士。中国对我至今为止的研究以及与中国的科技交流，都给予了很高的评价。

沈阳药科大学邀请我做演讲。演讲之后，我去上海购买“柳树下的泥鳅”（碰运气的意思。——编者）。在画廊“朵云轩”，我求购到了唐云先生的题为《山中晴雪》的墨梅图。据说，它是著名的詹仁左先生的老师的作品。

除了我与中国加强合作研究和科学技术交流之外，我担任理事长的女子美术大学也开始和上海交通大学进行学术交流。2016年9月，我被上海交通大学授予名誉博士称号。姜斯宪校务委员会主任、张杰校长以及中国科学院院士等参加了那次授予仪式和纪念演讲。逗留的三天中，我受到了盛情的款待。

无庸赘述，日本文化受到中国文化的影响很大。我们家族代代信奉禅宗，归依曹洞宗。1223年，24岁的始祖道元禅师去中国，到明州（现浙江省）天童山景德寺等地修行，27岁从当时第一高僧天童如净禅师那里继承嗣书等，28岁回到日本推广曹洞宗。

那段历史使我在敬仰中国的同时，又感到很亲切。我不能忘记的人有最初邀请我到中国去的沈其震先生，还有就是王济夫先生。他年长我几岁，可以说是我真正的朋友。

王济夫先生担任“中国王森然学术研究会”副会长时我们相识，该研究会可以说是和中国郭沫若研究会、上海宋庆龄研究会并列的中国三大学术研究会之一。

王森然（1895—1984年）是大家，正如在《王森然纪念馆藏书画集（1）》中所说，他是中国近代著名教育家、思想家、史学家、艺术家。他尊重知识和人才，展示出了文人作家的情怀。他善于钻研、擅长绘画，生活低调朴素，有大家风范，令人折服。

1996年6月，按照中国要人之一刘澜涛会长的指示，以王济夫先生为团长的代表团一行10人来日本访问，欢迎我担任“王森然学术研究会”的荣誉理事。在东京举办的欢迎会上，通过中日友好王森然纪念会会长冈田正孝理事长的介绍，我与王济夫先生初次见面。

1997 年 5 月，北京举办国际放线菌学会会议，参会期间，我召集在我的研究室留学过的人聚会，在北京前门饭店举办了“大村研究室中国校友会”，也邀请了王济夫先生。

王森然先生的二儿子王农先生，是活跃在日本的中国画家。从他口中得知王济夫先生的履历后，我吃了一惊。王济夫先生历任中国文化部副部长、中国少数民族文化艺术基金会会长等职，可以说是重要领导人之一。我知道，他是被誉为中国三大书法家之一的文人。

王济夫先生回中国后，见到了王森然先生的夫人，跟她讲述了我们医院正在开展艺术治疗的事情。王夫人说，如果医院正在做这种好事情，就把王森然先生的作品捐赠给医院。于是，她捐赠了 40 幅王森然先生的作品。

1999 年 3 月 24 日，北里护理专科学校附属楼开设的“王森然纪念馆”开馆，我们邀请了王济夫先生、王森然先生的夫人等 16 名相关人士参加。我们为捐赠的 40 幅书画作品以及入选“中国传统绘画大赛”（为纪念开馆而举办的）的作品举行了展览会。这栋楼现在称为“大村智纪念馆”，馆内设有“王森然纪念馆”。

中国王森然学术研究会的常委理事张仃先生捐赠了 20 幅作品。张仃先生是当今中国评价很高的艺术家，只用焦墨表现浓淡，反映出真实有韵味的世界。他还有一个特点，就是不只凭想象力作画，还要到现场写生。他与以往的中国水墨画家完全不同，是著名的革新艺术家。

其后，我与王济夫先生一直保持着亲密的交往。他 1999 年作为少数民族文化艺术基金会会长到台北视察访问时，不慎从台北故宫博物院的楼梯摔下，不治身亡。我到北京参加了他的告别仪式，包括普通市民在内，共有 3000 人，我们共同缅怀他的崇高品德。

恩人与合作者

如前所述，我非常珍惜“一期一会”。上述内容已经描述了多数相关人员，下面想写一下恩人们的故事。

在学问方面，因研究海豚毒素而闻名的药学家津田恭介先生（已故）从早期就认可了我的研究，并推选我获得日本学士院奖。有机合成化学家向山光昭先生把我当弟弟一样看待。生物化学家山川民夫先生在学问上和高尔夫技术上都关照过我。

在企业方面，北里研究所的原理事、从第一制药公司（现第一三共制药公司）调入的岩井让君，以及原北里大学教授、协和发酵工业出身的田中晴雄君和田中芳武君，三人加入我的研究团队支持我。芳武君后来受邀到负责疫苗研究和生产的国际业务部工作。

关于岩井君，在第六章谈及北里研究所和北里学园合并事项时提及过，他自身要做科研，而不同领域的研究者和学生有问题时也都找他咨询，他常年关心照顾着研究室里的七八十人。在研究室的运营方面，山田阳城君发挥着重要的作用。目前，作为北里柴三郎纪念会的副会长，他在努力地经营着纪念会。

我们已发现的微生物生产的新型化合物有近500种，我们也非常感谢微生物。我们的惯例是每年的1月5日在研究室的培养槽里洒神酒，祈祷平安和发现新物质。

在北里研究所改革的过程中，我们得到了事务管理部优秀员工的帮助。管理财务方面的上里雅光君和从大藏省辞职过来的斋藤和男氏对新项目的实施等研究所的重建工作竭尽了全力。如果没有他们的努力，赤字、疫苗库存管理等问题也不会明了吧。

第九章 故乡情怀

开发温泉

在前面提到过，我把位于山梨县的老宅称为“萤雪寮”。在萤雪寮，我与北里大学的学生们召开讨论会，然后乘坐公共汽车到附近的温泉去洗澡。于是我想，索性自己挖一个温泉吧。经过两年多的开发，我挖出了一处优质温泉，命名为“武田乃乡白山温泉”。

因学生时代掌握了地质学知识，所以我认为这周围有可能挖出温泉，但因地盘坚固，所以工期进展比预期缓慢，花费数以亿计。想起曾经到访过的瑞士精致的旅游胜地，我决定白山温泉暂时不立广告牌。

温泉处便于眺望，获得了好评，有静冈县周边的游客来此进行一日游。因泡温泉后饥肠辘辘，应大家的要求，我在温泉旁边又修建了一家小店“上小路荞面馆”。

在白山温泉和上小路荞面馆两处都挂着我从收藏品中选出的画作，大家可以尽情地欣赏。可以欣赏名画的温泉和面馆，其他地方应该没有吧。

笔者在白山温泉挖掘现场

我在故乡也很享受和伙伴们的重逢。与我交往时间最长的是韮崎中学时期的朋友清水泰夫君和守家勤君。

清水君中学毕业后入职本田公司的东京座椅供应公司。听说他因工作非常努力而得到了本田宗一郎先生的信任，最后升至社长。在我众多的友人中，他是彼此来往最不需要客气的人。2015 年，他在滨松医院去世。他去世前，我到医院探望他，我说："以前就约好的，什么时候一起去喝酒。"约定最后没兑现，非常遗憾。

关于守家君，我们的父辈就有密切的交往。从初中开始，我们两人就是玩伴。令人怀念的，是我们在校园里进行的铁棍推铁环比赛。他从日本大学艺术系毕业后成了画家。他的茅草房顶的民宅画很受欢迎。他还是采摘山菜，特别是蘑菇的能手，每年秋天都会给我寄来很多珍菌。

同事会

我从山梨大学毕业后进东京，在东京都立墨田工业高中工作，后来又走上了研究者的道路，和校友们的关系变得疏远了。

让我改变这一现状的，是和田边达之君（已故）的邂逅。他在韮崎市韮崎站前大街经营一家布料商店。我培养出年轻的科研人员后，自己时间上稍微宽裕时，便会到他店里聊聊街道的变迁等，或者一起出去喝酒。

他说："有个人你一定要见见。"随后就把那个人带来了，是酱油铺老字号"井筒屋"的老板山寺仁太郎。他是田边君的媒人。他一说起历史、文学、绘画等，滔滔不绝。在韮崎还有这样的文化人，我着实吃了一惊。

原来，他从庆应义塾大学毕业后，担任过山梨日报社的评论员。他喜欢喝酒。我们三人时常在一起喝酒、聊天。其间，又有一两个人加入。我们很自然地就想成立一个饮酒会，他们让我给饮酒会起个名字。

东京高尔夫球伴的聚会被我命名为"同事会"，成立后持续了10年，现已停办，所以我提议新的饮酒会叫"韮崎同事会"。目前，这个会成立了15年之久，会员多达35名。

我们每年举办两三次交流会，是那种不需要客套的伙伴聚会，热热闹闹的。但是，在田边君之后，山寺先生也于 2016 年 11 月去世了，我心中不免寂寞。

同事会的会员有韮崎市原市长小野修一先生、山梨中央银行行长近藤中先生、文化厅原长官内田弘保先生，还有邮局原局长栗原信雄先生等活跃在各行各业的人士。聚会既交流了情报，也加深了友谊。

同事会的干事是功刀能文君和根津强太郎君（两位是同班同学），他们是田边君的后任。近年来，年轻会员在增加。我获得诺贝尔奖后，由同事会提议，在甲府召开了庆祝会，县内有 500 多人前来祝贺。

在其他方面，我也得到了功刀君的帮助。他担任我 22 年前成立的山梨科学院的常任理事。作为这个科学院的核心人物，他为其发展竭尽了全力。没有他的努力，科学院会很难维持下去吧。

还有，我委托韮崎高中的同届同学，律师真壁英二君为北里研究所的律师顾问，负责处理研究所运营中的纠纷并进行法律方面的指导等。后来，他还兼任女子美术大学的律师顾问。我随时都可以向他咨询，他给予了我很大的帮助。

山梨科学院

我也为山梨县科学技术的发展尽了微薄之力。我 1991 年至 2002 年担任山梨县科学技术会议的会长，曾为县里科学技术的振兴进言献策。

我认为创造机会让山梨大学以及县内研究者汇聚一堂，对县里的人才储备和知识财产的累积都是必要的，故决定设立“山梨科学院”来具体实施。

除我之外，还有伊东壮、铃木宏、古屋忠彦、鬼头良一郎、小出昭一郎、后藤昭二、小林康夫、铃木义仁、中村司、藤野雅之、椎名慎太郎、山本严等有志者成为发起人。我们制定了章程。科学院在招募会员等各项工作准备充分的基础上，于 1995 年成立了。科学院的运营除会费外，主要由我备好的基金来维持。

这个科学院是由山梨县在住者及与山梨县有关的个人、团体、企业或者大学的人员组成、在山梨县知事天野健先生的支持下创立的。我们选出山梨大学伊东壮校长为首任会长。副会长由山梨学院大学古屋忠彦校长和我担任。

这个山梨科学院是得到了县知事许可的社团法人组织。据我所知，这也是全国闻所未闻的类型。成立科学院的目的是振兴科学技术，通过发表研究结果，交换、提供情报等，促进人们之间的交流并支持科学研究。另一个目的是通过对县民进行科学技术相关知识的启蒙以助于县里的发展。

2012 年，山梨科学院变成了公益社团法人组织。其工作内容值得大书特书的部分，首先有“未来科学家访问研讨会”。这个是和县教育委员会共同主办的，会员或接受科学院邀请的讲师，要去访问县内小学、初中、高中。换句话说，就是专家出差授课。

根据创立 20 周年时的统计，截止到 2015 年，接受专家授课的儿童、学生总人数达35275名。看了听讲座孩子们写的感想，我脑海中能生动地浮现出孩子们认真听课的样子。

除此之外，还有“梦想·令人兴奋的科学实验室”，讲师会到学校和孩子们一起做实验，孩子们非常高兴。

山梨科学院每年两次聘请县内外著名的学者作为讲师，连续不断地召开交流大会。1995年成立之初，山梨科学院邀请了日本学术会议会长、著名脑生理研究者、日本学士院院士伊藤正男先生做了演讲。以后的20年间，山梨科学院迎来了35名之多的讲师，就广泛的领域做了各种各样的演讲。

我还想介绍的山梨科学院的另一个工作内容就是表彰县内的科学工作者和儿童、学生。山梨科学院每年都颁发山梨科学院奖、山梨科学院奖励费及儿童、学生科学奖，这样可以展示与山梨县相关研究者的优秀研究成果。公布儿童、学生科学奖令人深受感动。

科学院的工作肯定有助于培养具有科学信仰、对地方以及全日本的产业和文化发展有用的人才。我一贯的主张是，“虽说花时间，但没有比对教育事业投资更好的投资了”。

山梨科学院历任会长有伊东壮、吉田洋次郎、贯井英明和我，接着就是现任前田秀一郎先生（山梨大学原校长）。我至今仍担任名誉会长。2016年5月，我做了题为《阿维菌素的故事》诺贝尔奖获奖纪念演讲。

第十章

至诚恻怛

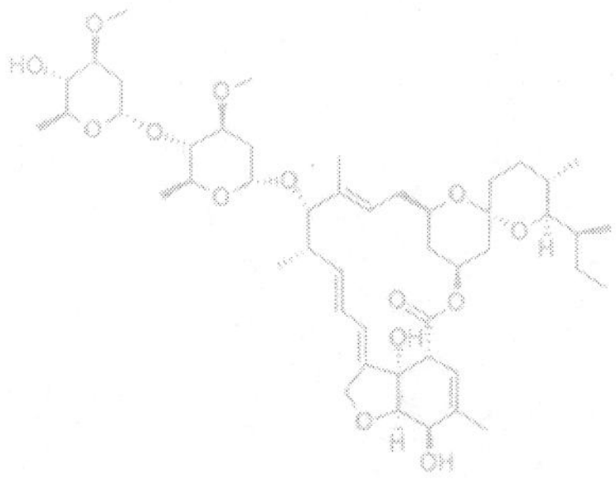

我今年（2017年）已经82岁了。即使现在，我每月也还会有几次演讲，每天都忙碌着。好在我身体健康，没有什么大碍。其实，我幼年的时候曾经反复患病，绝不是身体健壮的人，所以我想，能活到日本男性平均寿命80岁就可以了。

疾病会不分时间突然而至。我第一次患大病，是在初中二年级时，被诊断为双侧扁桃体肿大。在医院接受手术时，我吓得浑身发抖，至今记忆犹新。

在前面已提到，高三的春季，我接受了阑尾炎切除术。随后一段时间，我身体健康，没有患大病。

但刚过50岁，我就因疝气做了修补手术。1998年我62岁时，被诊断为MALT淋巴瘤，行部分直肠切除术。但是，最后MALT淋巴瘤订正为套细胞淋巴瘤，我又立即接受了多种抗癌药并用的CHOP联合化疗。

在治疗途中，医生又发现我患了前列腺癌。2006年，我接受了腹腔镜下前列腺切除术。2013年，我又因胆囊炎接受了腹腔镜下胆囊摘除术。接二连三的手术，让我的恐惧感减弱了。

我在忍受着化学疗法副作用的同时，又接受了 CHOP 疗法持续到 2002 年，但病情并没有得到缓解。那时，我在卫斯理大学任教期间替马克斯·蒂斯勒教授指导过博士课程的学生安·雅各布斯科博士已经是纽约州立大学医学部的医师（医学博士），她在因癌症研究而非常有名的斯隆 - 凯特琳癌症中心从事研究和治疗工作。

为此，我把细胞病理片邮寄给她，就病名的诊断和治疗方法寻求她的意见。

从她那里得知，从细胞学的角度看，可以确认我患的是套细胞淋巴瘤。同时，这种癌症使用分子靶向药物利妥昔单抗的抗体疗法可以取得良好的效果。

该药物当时刚在日本获得承认。我向北里研究所医院我的主治医师土本宽二院长和芦泽宏部长转达雅各布斯科博士的建议时，他们正好也在讨论这种疗法。

他们马上对我实施以利妥昔单抗为主的联合（利妥昔单抗、长春新碱、阿霉素）治疗，一年共进行了 10 次。土本院长告诉我，治疗非常有效，组织活检确认，细胞都恢复正常，病情得到全面缓解了。

为了慎重起见，他们又单纯使用利妥昔单抗对我进行了半年 4 次治疗。自那以后，我 12 年间在体检中心接受体检，报告均提示“未见异常”。非常感谢北里研究所医院、北里大学医学中心以及斯隆 - 凯特琳癌症中心医师们的照顾，让我能够活下来。

但是，2006 年接受的腹腔镜下前列腺切除术的前列腺癌，5

年后肿瘤标记物 PSA 的数值开始上升。曾试着用放射线疗法治疗，但效果欠佳，目前开始用激素疗法。

因为前列腺癌是进展缓慢的癌症，所以我以后的人生要和它共处。除此之外，胆固醇稍微有点偏高，其他没有异常。祈祷上天让我再多工作一些时间。

妻子文子婚后三分之二以上的时间都是在抗癌中度过的。从美国回到日本，我成为教授不久的 1976 年，她接受了乳腺癌手术，但是癌症已经转移到子宫、肺部、骨骼。她忍受着疼痛和抗癌药的副作用，不仅熟练地料理家务，而且在经常举办的招待外国学者、同行的家庭聚会上，烹饪还从不敷衍了事。

每次家庭聚会，从采购到烹调，文子总是需要花两天时间，万无一失地准备着。她的忘我状态，一直被海外的友人传为佳话。

还有，我家的新年会，按照惯例，从上午直到晚上很晚，众多来访者络绎不绝，非常热闹。人们愿意来也是因为欣赏她的人品。她乳腺癌手术后，一只手用不上力气，即使这样，为了招待客人，她每次都还用自行车推着装得满满的日用品回家。看见这情形，着实让人心疼。

即使在北里研究所医院住院，文子也仍然闲不下来。听到我说医院“经营困难”，她就把朋友和熟人一个个地介绍到医院来。让人吃惊的是，她一边输着液，一边还帮着咨询情况和问候病人，甚至帮着病人办理预约手续。

2000 年 4 月，为了出席美国科学院的重大活动，作为外籍会员，我需要到美国去。妻子文子携带小型氧气泵、大量镇痛药，

和女儿在诺贝尔奖颁奖晚宴上

还有女儿育代和秘书铃木阳子女士，她们三人和我同行。同年6月，妻子文子穿着和服也出席了女子美术大学举办的“在大村智夫妇身边的座谈会”，并讲了话。同年9月，文子去世。

热心教育、举止规矩礼貌的妻子文子和喜欢自由的现代派的女儿育代两个人有时合不来。育代曾离家独立过，但是文子因病卧床后，育代就回来睡在病床边，片刻不离左右地照顾着妈妈。看到这情景，我觉得两个人的心意是相通的。

育代在受托运营和管理韮崎市立大村美术馆及附近温泉的公司工作，平时对我不太流露感情，说话也少。但是，在诺贝尔奖颁奖仪式后，她跑到颁奖台上说：“父亲，恭喜恭喜！”我们一起出席晚宴等大型活动，留下了美好的回忆。

我确实得到了很多人的支持。我总是在想，作为报恩，我应该对社会做些贡献。我以专利费为基础回馈社会，如果对在北里研究所设立研究奖励费、对在原籍设立以振兴科技与培养人才为目的的山梨科学院等有所帮助，则非常庆幸。

最后，我想对肩负继承北里研究所传统和进一步发展重任的年轻一代赠送“至诚恻怛”四个字。这四个字的含义是，尽其真诚、怀有悲悯之心待人接物，这样一定能打开前进的通路。

对读者来说，如果这四个字也有能够起到作用的时候，则我会感到十分荣幸。

在此衷心感谢您读我这个笨人写的文章，就此止笔。

结束语

2015 年 12 月，我获得诺贝尔生理学或医学奖后不久，《日本经济新闻》报试探着问我："能否连载《我的履历书》？"当时因为笔记本上写满了应接不暇的演讲预定，还有其他稿约等，每天都非常忙碌，所以我听后确实有些犹豫。

但是，想到自己与许多人相遇、相识，有着诸多的回忆，或许那些经历可以成为未来有作为的年轻人的参考，我便应允了。于是，2016 年 8 月，《日本经济新闻》顺利连载了《我的履历书》。

本书是在修改报刊连载内容的基础上，大量补充报刊连载未提及的友人、关照过我的人的故事以及研究的内容等而完成的，文章的结构也发生了变化。如果读者以读随笔的心情阅读本书，本人会深感荣幸。

回顾自己所走过的路，我感到所有的一切都和美术、体育这些兴趣爱好有关。我接触优秀的作品，喜欢打高尔夫球，这些都和身心健康管理息息相关。我最看重的"一期一会"也是通过自己的爱好在扩大范围。我的科研和社会贡献也是因为和爱好相关而同时推进的。

因为我喜欢把这种关系用图表示为"黄金三角"并在演讲会上向大家展示，所以我也想在书中刊载此图。

本书执笔之际，秘书铃木阳子女士整理与核对了大量的原稿资料，北里研究所宣传部、北里柴三郎纪念馆及萩原 bowling 有限公司（山梨县甲府市）提供了照片，《日本经济新闻》出版社安藤淳编辑委员、《日本经济新闻》出版社的许多人给予了关照，在此谨致谢忱！

2017 年初夏

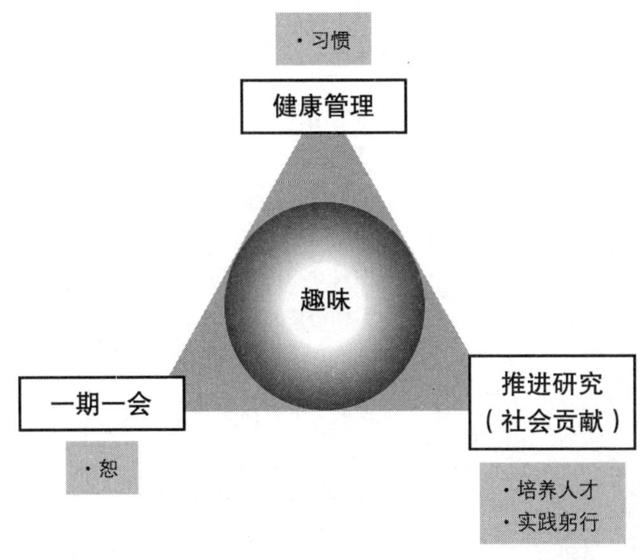

我的心得

（健康管理、一期一会、推进研究，在三者平衡中生活）

大村智年谱

1935年 （昭和十年）	山梨县北巨摩郡神山村（现韮崎市神山街），作为大村家的长子出生（7月12日）
1939年 （昭和十四年）	父亲惠男等人保护的愿成寺木造阿弥陀如来与两侧侍从像成为国家指定重要文化财产
1942年 （昭和十七年）	入学神山村立神山国民小学
1945年 （昭和二十年）	母亲文子教师离职
1948年 （昭和二十三年）	神山村立神山国民小学毕业 入学神山村立神山初级中学（后与韮崎街外一村组合，成立韮崎街等合立韮崎初级中学）
1950年 （昭和二十五年）	铃木胜枝老师授课
1951年 （昭和二十六年）	韮崎街等合立韮崎初级中学毕业 入学山梨县立韮崎高中 加入校足球部，后退出，并加入校乒乓球部
1952年 （昭和二十七年）	加入校滑雪部 加入韮崎滑雪俱乐部 与山梨县滑雪协会理事山寺严先生相识
1953年 （昭和二十八年）	校乒乓球部部长 第7届山梨县滑雪锦标赛之长距离赛高中组第三名 阑尾炎手术治疗，父亲建议考大学

续表

1954年 （昭和二十九年）	第8届山梨县滑雪锦标赛之长距离赛成人组冠军 山梨县立韮崎高中毕业 入学国立山梨大学农艺学部自然科学专业，师从丸田铨二郎教授 任地理学田中元之进教授调研助手 入“滑雪天皇”横山隆策先生门下
1955年 （昭和三十年）	第9届山梨县滑雪锦标赛之长距离赛成人组冠军
1956年 （昭和三十一年）	第10届山梨县滑雪锦标赛之长距离赛成人组冠军、俱乐部对抗赛冠军 第1届甘利山滑雪锦标赛之长距离赛青年组冠军、回转赛青年组冠军、大回转赛青年组冠军 第11届冬季国民体育大会（青森县）长距离赛出场
1957年 （昭和三十二年）	第11届山梨县滑雪锦标赛之长距离赛成人组冠军、俱乐部对抗赛冠军 第2届甘利山滑雪锦标赛之长距离赛青年组冠军、回转赛青年组冠军 第12届冬季国民体育大会（兵库县）长距离赛出场
1958年 （昭和三十三年）	第12届山梨县滑雪锦标赛之长距离赛成人组冠军 第3届甘利山滑雪锦标赛之长距离赛青年组冠军、回转赛青年组冠军 由田中元之进教授介绍给山梨大学的安达祯校长 山梨大学农艺学部自然科学专业毕业

续表

	东京都立墨田工业高中夜校教师 在红露文平塾长的指导下学习德语
1959 年 （昭和三十四年）	由丸田铨二郎教授介绍给东京教育大学的小原哲二郎教授 结识中西香尔教授（2007 年文化勋章获得者），做东京教育大学旁听生 1 年。后由中西香尔教授介绍给东京理科大学的都筑洋次郎教授
1960 年 （昭和三十五年）	东京理科大学研究生院理学研究科硕士研究生入学
1962 年 （昭和三十七年）	在东京理科大学成立 80 周年纪念典礼上作为学生代表发表祝词（祝词由后来成为我妻子的秋山文子所写） 带领都立墨田工业高中乒乓球队在东京都大会上获得亚军
1963 年 （昭和三十八年）	东京理科大学研究生院理学研究科硕士研究生毕业 3 月 23 日，与秋山文子结婚 从墨田工业高中离职，就任山梨大学工学部发酵生产科加贺美元男教授的助手，和微生物相遇
1965 年 （昭和四十年）	从东京理科大学药学部山川浩司教授那里得知秦藤树教授任所长的社团法人北里研究所招聘研究员，参加招聘考试合格后，作为该研究所研究部抗生素研究室技师助理入职
1968 年 （昭和四十三年）	获得东京大学药学博士学位（师从药学部的冈本敏彦教授）

续表

1969 年 （昭和四十四年）	作为日本药学会考察团成员到欧洲各地考察 任学校法人北里大学药学部副教授（兼任）
1970 年 （昭和四十五年）	获得北里研究所奖学奖 获得东京理科大学理学博士学位（师从理学部的都筑洋次郎教授）
1971 年 （昭和四十六年）	3 月，听从国立预防卫生研究所所属的日本抗生素学术协议会常务理事八木泽行正先生的建议，考虑到海外留学开阔视野，访问加拿大及美国的大学和研究机构 9 月，留美，就任卫斯理大学马克斯·蒂斯勒教授研究室的客座教授 与哈佛大学康拉德·布洛赫教授相遇，开始合作研究浅蓝霉素的作用机理
1972 年 （昭和四十七年）	开始与后来成为默克集团会长的华盛顿大学医学部罗伊·瓦杰洛斯教授合作搞研究
1973 年 （昭和四十八年）	1 月，结束留学生活，回国 于北里研究所开始筹备“大村研究室”（成员：栗谷寿一、岩井让、大岩留意子、增间碌郎、高桥洋子） 默克集团与北里研究所共同签署了关于主要探索、开发动物用药的研究合同书
1975 年 （昭和五十年）	4 月，就任北里大学药学部教授（兼任）（成员：中川彰、大野宏宇、喜多尾千秋、铃木阳子） 开始举办 KMC 研讨会 把从静冈县伊东市川奈的土壤中采到的放线菌（OS-3153 株）寄送到美国默克集团，OS-3153 生产

续表

	的抗寄生虫活性物质被命名为“阿维菌素” 随后研发了改良阿维菌素后的“伊维菌素”
1977 年 （昭和五十二年）	和北里善次郎所长交换了关于采取独立核算方法运营北里研究所大村研究室的备忘录，度过关闭的危机 从链霉菌属放线菌中发现星孢素（蛋白酶抑制剂）
1979 年 （昭和五十四年）	在美国召开的“关于抗菌素及化学疗法的学术会议”上发表《伊维菌素的发现》 与默克集团签署伊维菌素专利使用费合同书
1981 年 （昭和五十六年）	默克集团开始把伊维菌素作为动物抗寄生虫药来销售 就任北里研究所监事 应中国医学科学院沈其震副院长和北京抗菌素研究所李焕娄所长的邀请访问中国，开始学术交流
1982 年 （昭和五十七年）	8 月，提交北里研究所新医院建设方案呈报书 筹备成立北里研究所未来计划委员会，并召开第 1 次会议
1983 年 （昭和五十八年）	与英国生物学家悉尼·布伦纳博士（后来获得诺贝尔奖）相识，思考“无知存在的价值”“知性泛滥的弊端” 北里研究所附属医院开设肝病中心
1984 年 （昭和五十九年）	辞任北里大学药学部教授，就任北里研究所理事及副所长 申请拍卖埼玉县北本市国有土地（农业试验场耕作部的空地）

续表

1985 年 （昭和六十年）	获得 Hextol 细胞奖（美国微生物学会），因发现阿维菌素等功绩而得到国际认可 世界首次使用基因技术研创出新抗生素麦迪紫红素 埼玉县北本市国有土地拍卖申请得到认可
1986 年 （昭和六十一年）	获得日本药学会奖
1987 年 （昭和六十二年）	美国生物化学与分子生物学会名誉会员 无偿提供的伊维菌素制剂异凡曼霉素作为预防与治疗盘尾丝虫病的新药得到认可，由此展开消灭盘尾丝虫病工作 北里研究所成立 75 周年的纪念项目，即北里研究所医学中心医院新建工程开工奠基仪式 北里研究所开设微生物检测技术中心
1988 年 （昭和六十三年）	在北里研究所所长选举中，水之江公英所长与大村智副所长连任 5 月，在京都召开的国际纯粹与应用化学联合会（IUPAC）上，大村研究室发表了由国内外研究者发现的 11 种化合物的论文 为了日本科学与技术的发展，向文部省、学术界、政界、商界提议创立研究生院大学
1989 年 （平成元年）	获得上原奖（上原纪念生命科学财团） 参加在美国召开的马克斯・蒂斯勒教授的追悼会 挂满画的医院“北里研究所医学中心”开诊 旨在向医院捐赠绘画而举办的征集绘画展和第

续表

	一次“人间赞歌大奖作品展”（评审委员会委员长：油画家、文化勋章获得者森田茂。评审委员：油画家、和光大学名誉教授荻太郎，美术评论家植村鹰千代，美术评论家泷悌三，北里研究所名誉部长斋藤保二） 北里研究所筹备成立白金校区维修计划——新项目基本计划委员会（发展北里研究所和北里学园的共同事业）
1990 年（平成二年）	获得日本学士院奖 创立马克斯・蒂斯勒纪念演讲会 就任北里研究所第 11 任理事及所长 卖却研究所持有的东京都目黑区、千叶县柏市的土地
1991 年（平成三年）	发现链霉菌属放线菌生产的乳胞素（蛋白酶体抑制剂） 获得查尔斯・汤姆奖（美国工业微生物学会） 获得匈牙利 Lajos Kosshutin Universty 名誉理学博士称号 北里研究所设立生物机能研究所（大村团队） 在罗伯特・科赫研究所 100 周年纪念典礼上做特别演讲
1992 年（平成四年）	获得紫绶褒章 获得法国国家功劳勋章——骑士勋章 德国自然科学院院士 美国微生物学科学院院士

续表

1993年 （平成五年）	在哈佛大学做特别演讲 与诺贝尔奖获得者康拉德·布洛赫博士、伊莱亚斯·詹姆斯·科里博士加深了友谊 北里研究所北本部研究楼竣工，技术部迁移并改称为“生物制剂研究所”，家畜卫生研究所迁移并开设在研究楼内（2002年和生物制剂研究所合并），研究部改称为“基础研究所”，开设医疗环境科学中心（2002年搬迁到北本部） 向学园的西山保一理事长提交“就（社）北里研究所和（学）北里学园两法人整合必要性”的大村报告书 北里研究所成立以山田阳城先生为委员长的21世纪委员会 女子美术大学理事
1994年 （平成六年）	罗伯特·科赫研究所名誉所员 夫妇一同出席卫斯理大学名誉理学博士称号的授予仪式 开设北里研究所北里护理专科学校
1995年 （平成七年）	获得美国工业微生物学会功劳奖 获得藤原奖（藤原科学财团） 获得日本放线菌学会特别功绩功劳奖 5月，山梨县设立以振兴科技与培养人才为目的的“山梨科学院”
1996年 （平成八年）	确定北里白金校区维修计划，第一期工程开工 获得曾任中国文化部副部长等职、中国三大书法家之一王济夫先生的评价“山不在高，有仙则名”

续表

1997 年 （平成九年）	获得罗伯特·科赫金奖（罗伯特·科赫财团） 中国沈阳药科大学名誉教授 在北里本馆一层设立北里柴三郎纪念馆并对外开放 女子美术大学理事长 获得玛希敦王子奖（泰国）
1998 年 （平成十年）	日本化学学会名誉会员 北里研究所热带病评价中心成立 母亲文子去世（12 月 3 日）
1999 年 （平成十一年）	父亲惠男去世（2 月 17 日） 美国国家科学院外籍院士 北里研究所医院新楼竣工 获得绀绶褒章 王森然纪念馆（北里护理专科学校附属楼）开馆，邀请王济夫先生 微生物检测技术中心更名为“临床药理研究所” 女子美术大学创立 100 周年纪念，设立“大村文子基金”，该基金新设女子美术大学巴黎奖、大村特别奖 制作女子美术大学创立 100 周年纪念版画作品集《德之华》 女子美术大学名誉教授桑原巨守向大学捐赠作品《赞太阳》 就任开智学园名誉学园长
2000 年 （平成十二年）	妻子文子去世 获得中西奖（日本化学学会与美国化学学会）。 获得野口奖（山梨日日新闻、山梨广播、山梨文化会馆）

续表

	韮崎市名誉市民 女画家协会创办“大村文子纪念奖” 举办女子美术大学创立100周年纪念典礼
2001年 （平成十三年）	日本学士院院士 在国内外发表生产阿维菌素的放线菌的全基因谱解析 在北里研究所和北里学园法人整合基本协议书上签字 北里大学成立北里生命科学研究所 北里研究所生物机能研究所并到北里大学北里生命科学研究所 向北里研究所白金校区捐赠菩提树 女子美术大学100周年纪念，“大村文子基金”创立“女子美术大学创作与研究鼓励奖”“女子美术大学美术奖励奖”等 女子美术大学相模原校区100周年纪念馆（10号馆）与美术馆（女子美术大学美术馆）、立体艺术专业工作室（11号馆）竣工 签订女子美术大学和相模原市文化促进协议书
2002年 （平成十四年）	法国科学院外籍院士 山梨县县政特别功劳者 从构思开始，历经15年，创立研究生院大学“北里大学研究生院感染控制科学府” 女子美术大学美术馆及全国各地美术馆举办“多彩的回响——大村收藏的女子美术大学毕业生作品展” 北里研究所北本校区北里研究所医学中心医院北区竣工（共440张床）

续表

2003 年（平成十五年）	日本细菌学会特别名誉会员 举办北里柴三郎先生诞辰 150 周年纪念活动 北里白金校区维修工程完工 女子美术大学名誉理事长
2004 年（平成十六年）	俄罗斯自然科学研究院外籍院士 举办北里研究所创立 90 周年纪念活动并参加典礼 视察非洲消灭盘尾丝虫病工作实施区域 纪念发现阿维菌素 25 周年，向北里研究所捐赠“儿童用拐杖引领因盘尾丝虫病失明的成人雕像”（矗立在北里生命科学研究所前）
2005 年（平成十七年）	获得欧内斯特·冈瑟奖（美国化学学会） 欧洲科学院外籍院士（比利时） 日本放线菌学会名誉会员 中国工程院外籍院士 中国暨南大学名誉教授 英国皇家化学学会特别名誉会员 修复北里科赫神社 挖掘韮崎市“武田乃乡白山温泉” 获得“卫斯理大学马克斯·蒂斯勒名誉教授”称号 向卫斯理大学捐赠 3 棵樱花树 就任山梨县综合理工学研究机构总长
2006 年（平成十八年）	山梨大学名誉顾问 在社团法人北里研究所与学校法人北里学园的法人一体化合同书上签字

续表

2007年 （平成十九年）	获得梅泽滨夫纪念奖（国际化学疗法学会） 北里大学北里生命科学研究所推进天然物创药研究专项计划特别顾问 北里大学名誉教授 山梨县综合理工学研究机构名誉顾问 开设韮崎大村美术馆 女子美术大学理事长 女子美术大学100周年纪念，“大村文子基金”创立“女子美术大学米兰奖”
2008年 （平成二十年）	获得法国荣誉军团勋章（法国） 获得平成二十年度发明奖励功劳奖（发明协会） 北里研究所和北里学园整合，成为学校法人北里研究所·北里大学 北里研究所名誉董事长 签订女子美术大学与韮崎大村美术馆合作协议书 向韮崎市捐赠韮崎大村美术馆的土地、建筑物以及收藏品1800件
2009年 （平成二十一年）	日本农艺化学学会名誉会员 创立北里柴三郎纪念会（北里研究所·北里大学原教工、校友、PPA会员、相关法人以及赞同本会主旨者） 山梨科学院会长 女子美术大学附属高级中学与初级中学校舍（杉并校区3号馆）竣工 创立女子美术大学父母会

续表

2010 年（平成二十二年）	四面体科学家奖（爱思唯尔国际出版集团） 举办女子美术大学创立 100 周年纪念典礼 发行小说《两颗星星——横井玉子和佐藤志津：女子美术大学建校之路》（山崎光夫著，讲谈社） 发行《女子美术教育和近代日本——女子美术大学 110 年人物史》（女子美术大学历史资料室编，女子美术大学刊行） 女子美术大学杉并校区新建体育馆竣工
2011 年（平成二十三年）	获得瑞宝重光奖章 获得应用微生物学奖（国际微生物学联合会） 再任女子美术大学理事长 签订女子美术大学与东京理科大学合作协议书 设立“女子美术大学德之华会”（原教职员工等组成） 在女子美术大学相模原校区设立横井玉子与佐藤志津创始人雕像
2012 年（平成二十四年）	获得杰出研究成就奖（美国生药学会） 当选文化功劳者 获得山梨县形象提升大奖 获得韮崎市市民荣誉奖 签订女子美术大学与千叶县佐仓市互相提携合作协议书 开设女子美术大学历史资料展览室 女子美术大学杉并校区 7 号馆竣工
2013 年（平成二十五年）	北里大学特别荣誉教授 日本药学会名誉会员

续表

	向女子美术大学杉并校区捐赠 10 个品种 12 棵樱花小树 签订学校法人女子美术大学与一般社团法人女子美术大学校友会互相协助协议书 创立女子美术大学 100 周年纪念大村文子基金女子美术大学荣誉奖 签订女子美术大学与北里研究所互相协助合作协议书
2014 年（平成二十六年）	获得盖尔德纳全球卫生奖（加拿大） 意大利雕塑大师朱利亚诺・梵吉（女子美术大学名誉博士）捐赠雕刻作品《金发女孩》，并在女子美术大学美术馆大厅举行揭幕式 创立女子美术大学 100 周年纪念大村文子基金韮崎大村美术馆奖 签订女子美术大学与韮崎市互相协助协议书 签订女子美术大学与相模原市互相协助合作协议书
2015 年（平成二十七年）	获得朝日奖（朝日新闻社、朝日文化财团） 获得文化勋章 获得诺贝尔生理学或医学奖 山梨县名誉县民 当选山梨县特别文化功劳者 获得世田谷区区民荣誉奖 举办山梨科学院创立 20 周年纪念典礼，任名誉会长 签订女子美术大学与顺天堂大学互相协助合作协议书

续表

	女子美术大学相模原校区国际交流大厅开放 女子美术大学名誉理事长 山梨大学特别荣誉博士 获得东京都荣誉奖
2016年 （平成二十八年）	获得埼玉县民荣誉章 东京理科大学特别荣誉博士 北里大学顾问 获得埼玉市民荣誉奖 东京都名誉都民 获得埼玉县北本市市民荣誉奖 日本药理学会名誉会员 有机合成化学学会名誉会员 日本感染症学会名誉会员 获得日本放线菌学会特别荣誉奖 获得“卫斯理大学马克斯·蒂斯勒名誉教授”称号 获得女子美术大学名誉博士称号 获得上海交通大学名誉博士称号
2017年 （平成二十九年）	世田谷区名誉区民